Sonia Carbonell Alvares

Educação Estética na EJA
A beleza de ensinar e aprender com jovens e adultos

Capa: Waldemar Zaidler

Ilustrações: desenhos com lápis de cor e pinturas com aquarela dos alunos do Curso de EJA do Colégio Santa Cruz: Ailton Queiroz da Silva, Railde Messias de Alcântara, Vilma Aparecida Silva Gustavo e Zizélia Barbosa da Silva

Revisão: Amália Ursi

Composição: Linea Editora Ltda.

Coordenador editorial: Danilo A. Q. Morales

Nenhuma parte desta obra pode ser reproduzida ou duplicada sem autorização expressa da autora e do editor.

© 2012 by Sonia Carbonell Alvares

Direitos de publicação
CORTEZ EDITORA
Rua Monte Alegre, 1074 – Perdizes
05014-001 – São Paulo – SP
Tel.: (11) 3864-0111   Fax: (11) 3864-4290
e-mail: cortez@cortezeditora.com.br
www.cortezeditora.com.br

Impresso no Brasil – junho de 2012

Foto de Rodrigo Soares Guimarães

Alunos do Curso de EJA Santa Cruz.

*Ao Pato,
companheiro de sonhos*

Agradecimentos

Deixo aqui meus agradecimentos àquelas pessoas queridas que contribuíram direta ou indiretamente para que este trabalho se concretizasse: Ângela Kleimann, Cris Cruz, Eduardo Orsolini Fernandes, Flora Guimarães, Hercília Tavares de Miranda, Leda Maria Lucas, Marcelo Levy, Marco Antônio Fernandes, Neusa Maria dos Santos, Orlando Joia, Rodrigo Guimarães, Sergio Alli e Vera Masagão Ribeiro.

Agradeço especialmente ao Claudio Bazzoni, pela amizade e agudeza de seu olhar em nossas conversas, em suas contribuições e na revisão do texto; à querida mestra Marta Kohl de Oliveira, pelos ensinamentos, pela escuta atenta e criativa com que acolheu minhas inquietudes; à minha mãe Adelaide, pelo gosto que tomei pela educação; aos meus filhos: Ana Luzia, Pablo e Júlio, pelas metamorfoses em meu olhar.

Finalmente, agradeço a todos os meus queridos alunos da EJA, sujeitos desta pesquisa, entre eles: Anderson Silva de Santana, Jefferson da Silva Oliveira, João Soares da Silva, Marta Rejane dos Santos, Rodrigo Salvador Ferreira, Shirlley Anne Marconi e Vânia Alexandra Figueiredo Pires, pela beleza do aprendizado e pelas transformações em meu olhar.

Sumário

PREFÁCIO 13

APRESENTAÇÃO 17

INTRODUÇÃO 19

CAPÍTULO 1 ■ A educação do olhar do aluno adulto 25
   O olhar da arte 28
      A intersubjetividade da arte 30
      A arte na escola de adultos 32
      Ensinar adultos e ensinar crianças 35
      As saídas culturais com alunos de EJA 40
   O olhar da estética 46
      A estética fenomenológica 47
      A estética na escola de adultos 50
      O olhar estético da ciência 55
   Educação Estética e transdisciplinaridade 57
   Seleção de conteúdos na Educação Estética 60
   A transversalidade da estética no currículo escolar 63
   Uma experiência de Educação Estética no Ensino Médio da EJA 66
      Indicações de leitura 71
      Indicações de sítios na internet 72

CAPÍTULO 2 ■ O olhar do aluno adulto 73
   Visão de mundo 75
   Cognição e afetividade na idade adulta 77
   Conhecimentos prévios 79
   A marca da heterogeneidade 83
      Os adultos maduros e os jovens adultos 84
   A marca do fracasso escolar 88
   Letramento 92
   O papel da escola na educação do adulto 95
   Como legitimar o saber dos jovens e adultos 101
   Procedimentos didáticos que podem auxiliar
   a legitimar os saberes dos jovens e adultos 102
      Indicações de leitura 103
      Indicações de filmes 105

CAPÍTULO 3 ■ O olhar 107
   Olhar e ver 111
   O olhar fenomenológico 115
      O sensível 117
   O olhar do outro 119
   O olhar como experiência estética 123
   A educação do olhar 130
   A leitura de imagens na EJA 132
      Como ler imagens com os alunos 133
   Um exemplo de leitura visual 135
      Indicações de leitura 137
      Indicações de filmes 138

CONCLUSÃO ■ Olhares 141

REFERÊNCIAS BIBLIOGRÁFICAS 147

Prefácio

Talvez a maior recompensa que pode ser obtida por um professor advenha das situações em que lhe é possível perceber um estado de "maravilhamento" em seu aluno, provocado pelo conhecimento transmitido, ou de alguma forma promovido, em sua atividade de educador. Essa talvez seja, na verdade, a própria essência da relação pedagógica, tantas vezes obscurecida por outros elementos da complexa interação entre professor e aluno, especialmente quando inserida na instituição escola. Sonia Carbonell Alvares, autora deste livro, testemunhou muitas histórias de "maravilhamento" ao longo de sua carreira de professora, talvez ajudada pela fértil combinação entre os sujeitos de sua ação pedagógica, adultos em processo de escolarização tardia, e o objeto de sua docência, a área de Artes. Mas foi seu olhar atento a seus sujeitos e a dedicação a seu objeto que a fizeram tirar proveito dessa combinação potencialmente fecunda. Em suas próprias palavras: "Como professora de Artes na EJA, fui apurando meu olhar em direção à estética. Durante bastante tempo, tratei a estética apenas como solo da arte, relacionada às questões que ligam a arte à beleza, à harmonia, aos sentidos e aos sentimentos provocados pelo fazer arte ou pela fruição artística, na acepção clássica e tradicional do termo. Aos poucos, a prática docente me fez enxergar na estética a ponte entre as artes e as demais áreas do conhecimento humano".

Foi com sua experiência de professora que Sonia me procurou em 2003, com a intenção de transformar parte de suas observações e inquietações num trabalho de mestrado sob minha orientação. Confesso que na ocasião eu me preocupei um pouco com o fato de que nem toda pergunta nascida em sala de aula gera um bom projeto de pesquisa, mas o olhar dessa professora para os adultos e sua preocupação com a questão do "maravilhamento" me entusiasmaram e considerei relevante investir na proposta de seu trânsito entre a escola e a academia. Hoje não tenho dúvidas de que esse investimento valeu a pena. A professora/pesquisadora mergulhou em estudos teóricos na universidade, buscando fundamentos para sua investigação, e se debruçou sobre a própria experiência pedagógica no curso supletivo em que atuava na ocasião. Sua dissertação, intitulada "Arte e educação estética para jovens e adultos: as transformações no olhar do aluno" foi defendida em 2006 na Faculdade de Educação da Universidade de São Paulo e depois premiada com o primeiro lugar na edição de 2006 do Prêmio Crefal (Centro de Cooperación Regional para La Educación de Adultos em America Latina).

O presente livro consiste numa nova versão do trabalho de mestrado, modificado com a finalidade de permitir melhor diálogo com um conjunto maior de leitores, que ultrapasse os muros da universidade. Beneficiando-se do trânsito entre a experiência docente e o aprofundamento científico e ilustrando seu texto com falas de alunos e professores, Sonia consegue estabelecer um debate entre questões de fenomenologia, especialmente com base em Merleau-Ponty, temas explorados na literatura pedagógica referentes à aprendizagem dos adultos e o olhar dos trabalhadores que frequentam a escola noturna. Em busca da construção de uma concepção estética de educação de jovens e adultos, talvez a maior contribuição de Sonia Carbonell esteja na proposta explícita de considerar o prazer do conhecimento, qualquer conhecimento, como emoção estética.

Marta Kohl de Oliveira
Professora livre-docente da Faculdade de Educação da USP
Março de 2010

Apresentação

Há duas décadas atuo como professora de Artes para jovens e adultos. Durante esse tempo, pude conviver com uma extraordinária variedade de tipos humanos, provindos das mais variadas regiões do Brasil e até de outros países latino-americanos. Pessoas de diferentes origens, representantes dos inúmeros grupos culturais que habitam o nosso país, portadores dos mais diversos costumes e crenças, indivíduos que falam a língua portuguesa com os mais raros sotaques, o que inclui até o "portunhol"; trabalhadores rurais, empregadas domésticas, caseiros, porteiros, donas de casa, motoristas, artesãos, trabalhadores de escritório, *office-boys* ou executivos; de jovens recém-excluídos da escola regular a pais de família ou mulheres na terceira idade, há muito afastados de uma sala de aula.

Na educação de adultos, a diversidade traz consigo a marca da singularidade. Cada indivíduo é rico em experiências vividas e vai para a escola receptivo, querendo compartilhar vida, o que deflagra férteis situações educativas, marcadas pelo envolvimento intenso dos alunos. Por meio desse convívio pujante com os contrastes, com as distinções, com as particularidades, pude aprender com meus alunos não somente os meios para ensiná-los, mas, sobretudo, a cultivar valores éticos, fundados na decência, na integridade e na solidariedade.

Ao longo do tempo, descobri que esta relação de ensinar e aprender, aprender e ensinar é também uma relação estética, pois ela se funda em um território sensível, em uma boniteza de convívio humano que embeleza e dignifica quem dela participa.

Escrever este trabalho é um ato de amor e um intento científico. É uma maneira de tentar devolver aos meus alunos todo o saber que eles me proporcionaram durante esses anos todos, noite após noite. Sinto-me dominada por uma vontade de honrar e enobrecer esse público tão sábio, tão sofrido, tão afetivo, tão excluído, tão trabalhador, que despende um esforço extraordinário no estudo. Ao escolher e trilhar o caminho da escola, essas pessoas explicitam singelamente seu sentimento de "inconclusão" como humanos e tornam-se seres buscantes, homens e mulheres que rastreiam os parcos caminhos de humanização hoje existentes em nosso mundo.

Habita em mim um profundo sentimento por todos os que foram, são e serão meus alunos na EJA. É um amor que abarca um coletivo de seres humanos, pessoas que todas as noites saem de suas casas e de seus empregos em busca de crescimento, de cidadania, em busca de um novo olhar.

Embu, dezembro de 2005

Introdução

Para ver muito, há que aprender a perder-se de vista...

Nietzsche

Desde os primeiros tempos em que comecei a lecionar para alunos adultos, venho nutrindo sentimentos de bem-querer, respeito e reverência por essas pessoas. A prática docente instigou meu olhar para os interesses e necessidades desse alunado, bem como para as particularidades das relações de ensino e aprendizagem que se instalam em uma escola de jovens e adultos. Dentro da perspectiva de reconhecimento de uma identidade para a Educação de Jovens e Adultos (EJA), este livro pretende contribuir para delimitar melhor as demandas e especificidades pertinentes à educação desse segmento da população na sociedade brasileira contemporânea.

Apresento neste trabalho reflexões colhidas diretamente da prática educativa e frutos de uma pesquisa de mestrado realizada entre 2003 e 2005, com alunos e professores do Ensino Médio do Curso Supletivo do Colégio Santa Cruz. Atuando como professora e investigadora, concomitantemente, demonstro que o olhar da educadora, com uma visão de quem atua no corpo a corpo com os alunos e com os professores, de quem colhe reflexões diretamente da prática pedagógica, está profundamente amalgamado com o olhar da pesquisadora, que descola a sua mirada da sala de aula para ir ao encontro da teoria, articulando ideias e concepções que retornam à prática impressas de novos sentidos e de renovados entendimentos.

São raros os trabalhos que averiguam as concepções estéticas dos estudantes, sobretudo as dos jovens e adultos. O aluno adulto é um sujeito pleno de experiências vividas, que podem ser consideradas a porta de entrada para o conhecimento escolar. É no encontro entre os conhecimentos prévios e os conhecimentos escolares, na relação de troca entre os saberes do educando e os saberes do educador, que ocorrem mudanças significativas nos olhares, tanto do aluno quanto do professor. É importante investigar como se dá esse trânsito da vida à escola e da escola à vida, para delinear algumas especificidades dos adultos como sujeitos de aprendizagem, como indivíduos que interagem com os diferentes saberes e como pessoas que transformam o olhar sobre o mundo.

Fundamentado nos estudos do filósofo Maurice Merleau-Ponty, o texto traz à luz uma compreensão da estética tangível a todas as áreas do conhecimento humano e aponta para uma concepção estética de educação para jovens e adultos que abarque todas as disciplinas do currículo escolar.

A estética, apesar de ainda carregar o estigma de possuir um valor menor em relação a outras esferas do pensamento, tem sido, desde a Antiguidade Clássica, objeto de estudo dos pensadores que fundamentam a atividade humana. As questões referentes à percepção e à sensibilidade são constituintes da estética. Consideradas, tradicionalmente, situadas no campo da subjetividade, a percepção e a sensibilidade são marcadas por certa imprecisão e relativismo.

Merleau-Ponty desenvolve uma fundamentação bastante consistente acerca do sensível, ao considerá-lo o território de origem da própria reflexão. A essa região pré-reflexiva, o pensador chamou de *logos do mundo estético*, isto é, um domínio humano em que o sensível é essência da nossa experiência. Para ele, o sensível não é subjetivo porque não se encontra interiorizado no sujeito psicológico, o sensível está localizado no mundo. O mundo é a unidade indivisa do corpo e das coisas. O sensível não está radicalmente separado do inteligível, ele possui uma função de conhecimento. O logos do mundo estético torna possível a intersubjetividade como intercorporeidade, que, por meio da linguagem, origina o *logos do mundo cultural*, isto é, o mundo humano da cultura e da história, um mundo de significações criadas e compartilhadas.

Dimensionar a Educação de Jovens e Adultos sob o paradigma da estética significa investir em sujeitos autônomos, que se reconhecem como fazedores de história; indivíduos curiosos, sensíveis, criativos, intuitivos, plenos e inteiros em sua relação consigo, com o outro e com o mundo; sujeitos livres para se autodeterminarem, para orientarem seus desejos, para sonharem. É a nossa liberdade que nos insere um compromisso ético e uma perspectiva estética.

Como bem se sabe, as condições de letramento oferecidas à grande maioria da população brasileira, bem como a desigualdade que sustenta as próprias diferenças sociais e legitima os mecanismos de exclusão cultural e econômica em nossa sociedade, silenciam muitos dos estudantes adultos. É necessário observar mais profundamente esse público, pelas condições excepcionais que ele reúne para o aprendizado escolar. Por isso, neste texto, a voz do aluno ocupa um lugar central.

O livro aborda, ainda, o trabalho coletivo na escola de jovens e adultos, os projetos pedagógicos e a maneira efetiva com que contribuem para reunir conhecimentos prévios e conhecimentos escolares, para as práticas sociais de aprendizagem e a formação de indivíduos plenamente letrados.

A riqueza de uma prática educativa com adultos só se revela quando traduzida sob um ponto de vista que faz emergir o caráter idiossincrático de seus processos de aprendizagem. Nas salas de aulas, em meio a grupos culturalmente heterogêneos, a singularidade de um estudante adulto constitui o ponto alto desse segmento denominado Educação de Jovens e Adultos.

Capítulo 1
A EDUCAÇÃO DO OLHAR DO ALUNO ADULTO

Foto de Paulo Afonso Teixeira Mariano

Aluna do Curso de EJA Santa Cruz

A verdadeira viagem do descobrimento não consiste em buscar novas paisagens, mas novos olhares.

Marcel Proust

No campo da cultura, podemos afirmar que o povo brasileiro é portador de um patrimônio incomensurável. Reconhecemos nos sujeitos da EJA pessoas que apresam a diversidade e a riqueza da nossa pluralidade cultural. No entanto, quantos deles se reconhecem como herdeiros desse patrimônio, ou melhor, quantos identificam o valor dessa herança?

Na condição de oprimidos, esses homens e mulheres ocupam papéis de invisibilidade política na sociedade, posições subalternas que lhes suprimem a condição de protagonistas. Ana Amélia, aluna do Ensino Médio da EJA, ao ler a obra do escritor João Guimarães Rosa, deu-se conta de que sua origem rural possuía um valor:

> Tudo o que sou, tudo o que tenho em meu ser, foi o sertão que me ensinou. Não sabia que o sertão tinha valor.

Contudo, quando se abrem espaços para que mostrem seu potencial criativo e a pujança de sua herança cultural, os jovens e adultos revelam um acervo extraordinário de saberes, de práticas e tradições ligadas à música, à dança, às artes plásticas, à religião e à natureza. Em todos os cantos do Brasil, pessoas produzem arte e artesanato não somente como um meio de subsistência, mas como uma forma de confissão vital, como expressão genuína de suas raízes mestiças.

A educação intercultural desponta como pauta dos nossos tempos, visando à interação entre as diversas culturas e a formação de cidadãos preparados para uma efetiva convivência com as diferenças. A interculturalidade e a educação intercultural constituem temas capitais hoje, no Brasil, onde a diversidade cultural é parte da história e as diferenças culturais entre os grupos dominantes e as minorias se fundam em chagas econômicas e sociais, fortemente discriminatórias. Pode-se dizer que os estragos históricos, em nossa nação, fizeram com que a diferença cultural e a pobreza se constituíssem num mesmo fenômeno.

A EJA conforma um fértil espaço para a educação intercultural. No entanto, não há como compreender a cultura de um povo sem conhecer sua arte. Não há como falar de Educação Estética sem falar de arte.

O olhar da arte

> *O importante na arte não é buscar, é poder encontrar.*
>
> Pablo Picasso

Desde os tempos das cavernas, o ser humano explora materiais, cores, superfícies, formas, sons, silêncios, movimentos, procurando criar sentidos para a sua existência e buscando comunicar-se com os outros homens. Ao produzir formas artísticas — visuais, corporais, musicais, arquitetônicas e literárias —, o homem expressa-se por meio das diversas linguagens da arte.

A arte é indispensável ao nosso ser, e a prova disso é que todas as culturas da história da humanidade, sem exceção, criaram obras de arte:

> As formas de arte representam a única via de acesso a este mundo interior de sentimentos, reflexões e valores de vida, a única maneira de expressá-los e também de comunicá-los aos outros. E sempre as pessoas entenderam perfeitamente o que lhes fora comunicado através da arte. Pode-se dizer que *a arte é a linguagem natural da humanidade* (Ostrower, 1998, p. 25; grifos meus).

A expressão artística sempre apresenta uma visão de mundo. Seus conteúdos são profundos e nos comovem porque se referem, em última instância, à nossa condição humana. As linguagens da arte encerram uma condensação de conteúdos e uma multivalência de significados. Graças à sua complexidade, as formas de arte mostram duas realidades interligadas, uma dentro da outra: cristalizam a realidade do artista, sua visão de mundo, seu contexto histórico e cultural, e ainda penetram em outra realidade, maior e não menos concreta, que é a da própria condição humana. Na arte se fundem a uma só vez o particular e o geral, a visão individual do artista e a da cultura em que vive (Ostrower, 1998). Quando apreciamos ou criamos uma obra de arte, essas duas realidades se interpenetram de forma tão íntima que qualquer detalhe evoca ambas, simultaneamente, em mútua ressonância.

A arte produz uma forma peculiar de conhecimento, pois ela conta a história das transformações humanas. Mas não só isso. Se tomarmos como exemplo *Guernica*, de Picasso, veremos que essa tela monumental, produzida em 1937, representa muito mais que a obra imediata que vemos. *Guernica* representa um momento, o bombardeio de uma cidade indefesa, o frio massacre da população civil, a tragédia da guerra na Espanha. Mas também representa o horror de todas as guerras. Vai além dos gritos, dos relinchos... As linhas que cortam e dilaceram a tela fazem sangrar toda a humanidade. É um revivificar de sentimentos, de pensamentos, de ideologias, de visões de mundo que, certamente, nem a análise mais profunda esgotaria a excelência da obra. Com uma intencionalidade estética, a escolha do artista pelo estilo cubista foi crucial para seu resultado. O cubismo propõe uma atomização, uma decomposição do espaço e contrastes dramáticos. No painel de Picasso, a expressividade da obra se estrutura a partir da gramática da linguagem escolhida, que proclama destruição, fragmentação e dramaticidade. E o conteúdo trágico da obra adquire culminância na bem-sucedida condensação e simplificação das cores do quadro: apenas tons de preto, de cinza e de branco.

A fruição artística nos ajuda a compreender como uma obra de arte conduz ao mundo dos sentidos e da ressignificação de nossas experiências vividas. Ao interpretar um quadro, fazemos uma projeção do sentido da obra e, em seguida, examinamos pormenores, que incluem o tema, e os elementos do meio de expressão, as cores, as linhas, as formas, os sons, as texturas. Cada um desses aspectos contém a obra inteira, mas nenhum deles é capaz de apresentar sua infinitude. A interpretação constrói-se com um exame atento das partes e uma percepção do todo. A pessoa que interpreta um quadro, uma escultura, um poema etc. pode adotar inúmeros pontos de vista e pode ter uma série de intuições que continuamente se completam e se modificam, e que não têm um fim determinado. Se a obra for suficientemente significativa, poderemos continuar a construir sentidos e a enriquecer a experiência.

A intersubjetividade da arte

> *Subitamente vemos que a obra do artista nos revela que captamos a nós próprios; e então compreendemos que toda a criação, todo o pensamento humano está contido em nós.*
>
> Jacob Bronowski

Uma obra de arte é sempre elaborada duas vezes: uma pelo autor e outra pelo intérprete. Por meio da arte, artista e espectador dão significados ao mundo, encontram e partilham sentidos para suas experiências vividas. No entanto, a obra exprime sempre mais do que uma identificação pessoal, do que aquilo que uma pessoa apreende em determinado momento: o efeito que o contato com a arte produz no indivíduo é constituído socialmente. Ao dizermos, por exemplo, que uma pintura representa alguma coisa, partimos do princípio de que os outros são capazes de ver o que ela representa.

Está claramente presente na percepção e, por conseguinte, também na representação o fenômeno da intersubjetividade. A apreensão da arte por alguém subentende sua capacidade de imaginar o que as outras pessoas perceberiam se estivessem, também, em contato com aquela manifestação. Para imaginarmos o que os outros veem, temos de reconhecer que sua experiência não é necessariamente idêntica à nossa.

A obra de arte pode nascer da experiência de uma única pessoa, mas o caminho que percorre é o da alteridade, pois o mundo sensível do artista relaciona-se com o mundo sensível do espectador e, concomitantemente, com o mundo sensível da comunidade dos espectadores. A transitividade de um corpo ao outro se faz de maneira intersubjetiva. Dessa maneira, a arte manifesta-se em um campo intersubjetivo e seu efeito é sempre social, pois atua no plano do imaginário e do sensível e espelha sentimentos e concepções de um povo em seu ambiente e em sua época.

Quando o homem conhece arte, ele conhece sua história. Quando ele produz arte, inaugura um conhecimento próprio, original, genuíno. O conhecimento da história e da arte torna possível a construção de uma identidade social, a sua prática facilita a construção da identidade individual.

A arte na escola de adultos

> *A beleza e a harmonia, para mim, passaram a ter outro sentido a partir do momento em que comecei a ter aulas de Artes (...).*
> *Antes, os quadros e as estátuas que via nas avenidas não tinham significado algum para os meus olhos. Hoje, tenho uma forma diferente de ver a arte. Presto mais atenção ao meu redor e fico a imaginar o que o artista está querendo passar para as pessoas.*
>
> Hélio (aluno de EJA)

Ao longo de minha trajetória como educadora de EJA, aprendi a acolher e, em certa medida, a reverter um tipo de expectativa recorrente em certos alunos que, ao ingressarem no curso noturno, não esperavam encontrar uma disciplina relacionada à arte no currículo. Esses chegavam com uma visão pragmática da escola, esperando estudar apenas as matérias tradicionais — Português, Matemática, Ciências, História... "Afinal, estudar Artes serve para quê?" Tive de responder muito a essa pergunta. Ao longo dos anos, fui tomando um gosto especial por ela e comecei a respondê-la não somente com palavras, mas orientando meus cursos no sentido de que as próprias atividades artísticas e as reflexões sobre arte a respondessem *per se*.

É Alaíde, uma aluna do Ensino Médio da EJA, quem demonstra a intensidade com que seu olhar se transfigurou após frequentar o Curso de Artes Visuais por um semestre:

> Ao deparar com a arte na minha vida fiquei surpresa, pois eu não tinha nenhum conhecimento, muito menos contato. As aulas de Artes me mostraram um outro lado desconhecido. É como uma pessoa que não conhece o mar, só ouve falar como ele é. O sentido da arte é uma coisa que não tem uma expli-

cação concreta para quem nunca teve contato. Eu adorei ter a oportunidade de conhecer a arte. É maravilhoso! A arte tem muito a ver com a alma das pessoas. Eu gostaria que a experiência que tive com essas aulas, todos tivessem a oportunidade de ter. Foi muito legal!

Com o objetivo de estimular o aluno a encontrar prazer no ato de criar e produzir um trabalho artístico, o ensino das artes na EJA pressupõe também o estudo de movimentos artísticos, a história da arte, a apreciação de manifestações culturais em sala de aula, a frequência a exposições, teatros e museus. Ao partilhar com o outro a emoção criadora e a fruição estética, o sujeito afirma sua singularidade dentro do coletivo da classe, ao mesmo tempo em que reconhece outras individualidades.

Neusa e Nilda, alunas do Ensino Médio, também demonstram que seus olhares se transformaram depois de estudarem Artes Visuais na EJA:

> (...) não sei se você se lembra, professora, do primeiro dia de aula, em que eu disse que odiava artes? Hoje eu jamais falaria isso. As aulas de Artes foram muito significativas para mim e, acredito, para todos nós... Hoje, se você me perguntar o que eu acho de artes, eu te digo que arte é cultura, arte é vida. (Neusa)

> Quando estudei em escolas convencionais, Educação Artística era uma coisa mecânica, não dava prazer em estudar. Mas fui obrigada a mudar de opinião ao ingressar nesse colégio (...). Aprendi sobre museus, quando antes só ouvia falar em novelas, filmes ou lia em algum jornal (...). De tudo que aprendi, sei que Educação Artística não se limita somente a régua e compasso. Existe muito além dos limites de simples traçados. Digamos que a arte é infinita e maravilhosa. Simples, completa e fascinante. (Nilda)

No entanto é Anne, outra aluna do Ensino Médio, quem traduz com agudeza o sentido deste trabalho ao localizar seu aprendizado artístico nos olhos, encontrando, em seu próprio corpo, o ponto que desperta o conhecimento. Seu depoimento revela que, em poucas aulas, vivenciou em profundidade a dimensão de ser artista e a de ser espectadora, a do fazer e a do apreciar arte, a da criação e a da fruição:

> (...) Logo de início, me perguntei o que Artes estaria fazendo no Ensino Médio. Hoje compreendo que está no curso para a abertura dos olhos das pessoas para um tema tão importante: "Arte". Antes de frequentar essas aulas eu não imaginava que a verdadeira arte está nos olhos de quem a vê.
>
> Após o curso de Artes, agora de olhos bem abertos, posso admirar diversas obras com olhos não só de um pouco de conhecimento, mas também com os da experiência, ou seja, de já ter tido contato com argila, pincel, tintas etc.
>
> Tudo o que aprendi, nesse curto espaço de tempo, não só estará presente no meu conhecimento, mas também estará guardado nas minhas melhores lembranças e em um lugar bem especial no meu coração.
>
> Hoje entendo quando alguém fala sobre arte e, quando comento alguma coisa, falo com convicção, pois sei que a arte está em todos os lugares a nossa volta.
>
> Basta que as pessoas abram os olhos, para assim poder se deslumbrar com toda a beleza que ela traz para a nossa vida.
>
> Do fundo do meu coração, muito obrigada por este maravilhoso conhecimento.

A leitura do texto apresentado anteriormente nos faz refletir sobre a importância da arte na escola. As palavras de Anne ratificam o quanto a arte nos comove, o quanto cumpre uma função decisiva na vida de todos nós. A arte alia cores, sons, gestos, palavras e apresenta combinações que são reveladoras do indivíduo e do mundo; constitui uma linguagem que faz a ponte entre o visível e o invisível, possibilitando assim a convivência com o indizível. Por meio da arte, o indizível pode ser dito e se realiza no olho, no toque, no ouvido de quem o percebe.

A arte "abre os olhos das pessoas", expande nossa visão de mundo, porque é conhecimento e, principalmente, um modo de praticar a cultura. A razão pela qual as obras de arte nos enriquecem é porque elas nos permitem reestruturar a experiência em níveis de consciência sempre mais elevados, tornando nossa compreensão mais abrangente de novas complexidades e intensificando, assim, o sentimento da vida (Ostrower, 1990).

Em sala de aula, a familiarização com as linguagens da arte realizada por meio da prática e da fruição geram descobertas e aprendizagens que ressoam na subjetividade do adulto, que o levam a reconhecer nas formas de arte conteúdos existenciais que atravessaram séculos, sociedades e culturas e que ainda continuam válidos e atuais para cada um de nós. As experiências artísticas levam esses alunos a transcenderem a concretude do cotidiano, ampliando seu olhar e expandindo seu universo estético.

Ensinar adultos e ensinar crianças

> *Pintor nenhum*
> *jamais conseguiu pintar*
> *o brilho do olhar*
> *de quem gosta de ensinar*
> *a quem deseja aprender.*
>
> Hamilton (aluno de EJA)

Ensinar arte para adultos tem um significado bastante distinto de ensinar arte para crianças. A maturidade do educando faz a diferença, pois, fundada na experiência, a fonte da criatividade, bem como a da fruição em arte, é a extensão do próprio viver. Em geral, somente um adulto é capaz de executar uma obra de arte. "O ato de dar forma a uma matéria constitui um ato de responsabilidade", afirma Ostrower (1998, p. 263). A educação de uma criança está muito mais voltada para o desenvolvimento dessa responsabilidade do que para o próprio ato da criação em si.

> A criação é uma conquista da maturidade. Só ela dará ao artista liberdade de formular novos conteúdos expressivos, de crescente complexidade estilística e sutileza de nuances emocionais. É preciso ver que, desde sempre, desde as cavernas pré-históricas, a arte fala *de adulto para adulto*. Por isto mesmo, as obras têm o poder de nos comover tão profundamente. Elas são resposta a uma vida vivida (Ostrower, 1990, p. 13; grifos meus).

A experiência estética das crianças ainda não possui a grandeza que alcança nos adultos. Um pré-escolar, por exemplo, não vê em uma imagem um todo diferenciado. Há perspectivas no espaço da imagem que as crianças ainda não dominam. Por esse motivo, muitas qualidades estéticas relevantes tornam-se inacessíveis ao olhar infantil. O desenvolvimento estético do ser humano consiste precisamente na aquisição dessas perspectivas.

Ostrower, mais uma vez, nos revela singularidades da visão de uma pessoa adulta:

> A descoberta de novas e diferentes relações que podem existir entre as coisas também amplia a visão de maturidade (vale comentar que na experiência infantil não ocorrem acasos significativos; no fundo, nada surpreende as crianças). Aqui

se evidencia um aspecto, que cabe ser entendido como sendo característico da visão adulta: a capacidade de concebermos a unidade de um todo como síntese de uma multiplicidade (ao invés da unidade primitiva das crianças, de um todo não diferenciado). Como adultos, podemos entender, e aceitar, por exemplo, o fenômeno de contrastes e opostos participarem de uma mesma relação, polaridades interligadas dinamicamente (idem, p. 7).

Uma criança ainda não tem elementos para entender o acúmulo de humanidade que existe na criação artística. Ao compor uma personagem, por exemplo, ela fica mais na textura, na aparência da personagem: ela a caricaturiza. Na criança, a ação do fazer arte é totalmente solta e, nas aulas, o professor trabalha no sentido de limitar essa ação, para uma formação. Ele se aproveita dessa soltura para ajudar a criança a projetar sua personalidade e desenvolver seu caráter. Com alunos menores, podem ser abordadas infinitas técnicas, e todas elas serão férteis, portanto é mais adequado explorar os procedimentos artísticos, o uso adequado do espaço, dos materiais, do corpo e as relações com o colega.

O adulto, por sua vez, chega à sala de aula com o caráter já formado, com uma concepção de mundo consolidada, o que lhe dá instrumentos para compor, para tecer a teia da experiência artística em sua complexidade. Com esse aluno maduro, o professor trabalha em uma área de bloqueio, para soltar a ação do fazer arte, para que ele expresse sua formação, sua experiência de vida. O adulto tem muito mais dificuldade com as técnicas, mas maior facilidade de compreensão.

Ensinar arte para crianças ajuda-as a se descolarem de um egocentrismo, a exteriorizarem seu conteúdo interno e a socializarem sua expressão. A criança esgota muito facilmente seu conteúdo expressivo. Já, a importância em ensinar arte para adultos está em ajudar esse aluno a perceber que existem na vida múltiplas maneiras de abordar o mundo, que a humanidade é capaz de expressar-se de infinitas formas. A arte, fundamentalmente, tem o papel de revelar ao sujeito que ele é uma pessoa única, um universo singular, que só ele é capaz de produzir aquele trabalho. A arte pode ajudar a descondicionar uma visão de mundo massificada.

Poderíamos, assim, comparar o trabalho de um professor de Artes de jovens e adultos com o de um antropólogo. Ambos lidam com as singularidades que se apresentam, tentando compreendê-las a partir dos grupos culturais de seus sujeitos. O educador tece sua ação pedagógica levando em conta as experiências de vida de seus alunos, seus hábitos de pensamento, seus costumes, seus valores, seus desejos, aspectos vivos e presentes nas salas de aulas.

Apresentar ao aluno adulto o conhecimento artístico acumulado pela humanidade e promover vivências estéticas com a arte demanda que o professor confronte, continuamente, suas experiências como docente com suas experiências como aprendiz. Ao perceber que suas concepções de arte moldam os pressupostos dos planos que faz, das metodologias que usa, dos materiais que escolhe e dão o tom da relação que os alunos estabelecem com a arte, o educador reconhece seu próprio processo expressivo e resgata a estreita conexão existente entre o modo como se aprende e como se ensina. Essa dialética ajuda-o a criar novos referenciais e a compor permanentemente novas possibilidades de articulação de conteúdos.

A ação pedagógica de um professor, portanto, diferencia-se substancialmente quando dirigida a crianças e quando dirigida a adultos. No entanto, sabemos que a grande maioria dos educadores de EJA trabalha em dois períodos, ou seja, leciona tanto para crianças quanto para adultos. Observa-se, com frequência, e isso não só entre professores de Artes, o uso da mesma abordagem metodológica para os dois públicos.

Há, por exemplo, por parte dos professores de adultos, uma certa disposição para resgatar aspectos lúdicos da vida, em fazer o aluno brincar tudo o que não brincou quando criança. Na verdade, muitos dos estudantes que frequentam as escolas noturnas revelam que ingressaram cedo na vida adulta, em virtude das adversidades pelas quais passaram ou por uma precoce entrada no mercado de trabalho. Mas o fato de terem brincado pouco, quando crianças, não deveria tornar-se motivo para levá-los a participar de certas brincadeiras que os infantilizem e os constranjam.

Ostrower (1998, p. 263) afirma que

> é insignificante, falsa e açucarada a teoria do "homem lúdico" ou a da "criança dentro do adulto", que precisa continuar brincando. Essa teoria incorre num erro duplo. Por um lado reduz as atividades criativas do adulto e a elaboração formal de suas vivências a um "brincar de crianças". Por outro lado, também não leva a sério o brincar das crianças. Mas o sentido das brincadeiras infantis é sério. Mesmo quando "fazem de conta", o fazer imaginativo é um fazer real, é um testar, um explorar certas situações. São ensaios. O "brincar" deve ser entendido como "experimentos de vida". Enfim, é um aprendizado. Talvez as atividades criativas dos adultos tenham sua origem no brincar infantil, no sentido de se desenvolver um potencial que já existe na criança. Seria apenas natural. Porém os dois níveis não são comparáveis. Representam mundos totalmente diferentes, de critérios, de vivências e intenções, de possibilidades e realizações. *Crianças não produzem obras de*

arte; elas apenas fazem suas experiências de vida com materiais artísticos. Elas são sensíveis, espontâneas, muitas vezes talentosas. Mas ainda não realizaram suas potencialidades. Nem as conhecem (grifos meus).

Estabelecer as devidas distinções entre como ensinar adultos e crianças é crucial para a EJA, porque acreditamos que, aplicando metodologias apropriadas, que respeitem e valorizem a experiência de vida do aluno adulto, que resgatem a importância de sua biografia, que afirmem sua identidade, asseguramos o acolhimento necessário à sua volta à escola.

As saídas culturais com alunos de EJA

O pensar e o fazer arte encorajam no adulto uma autoimagem positiva, estimulando-o à realização de trabalhos que teçam um estilo próprio e reflitam uma expressão pessoal. Além disso, as saídas com alunos são um excelente meio para que possam intensificar suas relações com os colegas e, sobretudo, apropriar-se dos bens culturais da cidade onde residem, convertendo-se em um conduto para a inclusão cultural dessas pessoas.

Levar alunos jovens e adultos a museus, galerias, centros de cultura, teatros, feiras, praças e eventos culturais é essencial para a apreciação da arte na sua forma genuína, viva, original, além de ser um excelente meio para estimular a frequentação autônoma e o retorno a esses locais. Percorrer as salas de um museu, ouvir um concerto, assistir a um espetáculo de teatro, sentar-se em um banco de praça para conversar sobre a escultura que nunca recebera a devida atenção são atividades que abrem caminhos para a fruição e o prazer que o contato com a arte pode proporcionar.

Muitos locais, principalmente os institucionais, como museus e alguns teatros mais sofisticados, dificilmente serão frequentados pelo aluno de EJA se a escola não realizar uma mediação. São lugares que, em sua maioria, encerram as artes canônicas, não familiares aos alunos trabalhadores. Na verdade, representam espaços onde eles se confrontam com a própria exclusão social.

Por isso é que museus e espaços de cultura precisam ser dessacralizados pelos professores, para que os estudantes usufruam do universo de encantamento e conhecimento que esses lugares ocultam, para que com essa prática passem a cultivar o gosto estético.

As saídas com alunos de EJA transcendem as quatro paredes da sala de aula. Elas estão imbuídas de valores não somente culturais, mas também sociais e de lazer. O jovem ou adulto estudante geralmente transforma uma ida ao museu em um grande acontecimento: veste uma bela roupa, fotografa o evento, exibe uma postura festiva, sinalizações reveladoras de quem abre um espaço interno para a aprendizagem, de quem cria uma disponibilidade ímpar para desfrutar dos conhecimentos que essa espécie de convívio com os colegas e professores lhe proporciona.

Depois de uma visita à exposição de Pablo Picasso, em São Paulo, Cláudia, aluna de EJA, revela que vivenciou essencialmente uma experiência estética diante de obras consagradas:

> Quando fomos à exposição de Picasso senti uma emoção muito forte com aquelas pinturas enormes, que refletiam nos meus olhos. Fiquei flutuando no espaço que às vezes era pe-

queno, mas que se tornava grande, e comecei a analisar os quadros. A cada passo que dava surgia uma emoção nova ao ver a arte de Picasso.

É interessante notar como esses alunos se predispõem à fruição e o quanto se emocionam no contato com a arte:

> A visita ao Masp (Museu de Arte de São Paulo) foi um capítulo à parte. Eu, que já moro em São Paulo há mais de 20 anos, nunca havia ido. E foi, com certeza, uma experiência interessante. Muitas das obras de artes eu reconheci, pois já tinha visto nos livros em aula. Mas é muito diferente vê-las de perto. A emoção é outra, é bem mais forte. De todos os temas, tanto nas aulas como no Masp, o que mais gostei foi o Impressionismo, em especial as pinturas de Claude Monet. Pois aquilo de querer capturar a luz do sol era bem coisa de mágico. E ele o fez como ninguém! (Rosileide)

O conhecimento da arte no mundo contemporâneo é imprescindível para sentirmo-nos protagonistas de nossa própria existência, para aproximarmo-nos de nossa humanidade. Além do mais, uma pessoa trabalhadora, de classe empobrecida, carece e necessita de oportunidades para vivenciar experiências estéticas, visitar espaços de arte, desenvolver percursos de criação pessoal, cultivados por valores estéticos e éticos, alimentados pela dimensão do sonho, pela leitura sensível e crítica de manifestações culturais, aprendizagens fundadas no sentido da vida.

Os jovens e adultos estudantes, ao visitarem espaços de cultura, transformam seu olhar sobre o mundo, experimentam o prazer estético em encontros com a arte. À medida que educam a percepção para desfrutar da beleza, adquirem mais recursos para familiarizar-se com a diversidade cultural e podem retornar aos locais visitados com pessoas de seu convívio.

Adelvir e Vicente, outros dois alunos da EJA, ao assistirem a um *show* de *jazz* pela primeira vez, ratificam as afirmações anteriores:

> No começo do *show*, achei que não iria gostar das músicas porque eu não conhecia. Então, fiquei meio por fora, mas a curiosidade de conhecer coisas novas fez com que eu ficasse lá. Fiquei e comecei a prestar muita atenção. Quando percebi, eu já estava achando a coisa mais linda do mundo, porque eram umas misturas de sons diferentes que faziam com que a música ficasse muito linda. Eu fiquei emocionado com tudo o que vi, com todos aqueles sons, porque eles tinham uma coisa boa, que fazia com que a gente relaxasse, eram uns sons que tocavam por dentro da gente (...).
>
> Agora se alguém me perguntar qual o tipo de música que eu gosto, já posso incluir o *jazz*, porque é um tipo de música que só vendo para acreditar que é tão bom como eu estou dizendo. (Adelvir)

> *Jazz* é uma música diferente porque é mais tocada do que cantada. Mas o som dos instrumentos mexe com a gente e, quando cantada, a emoção é ainda maior, mexe na alma.
>
> Foi a primeira vez que eu fui a uma apresentação desse tipo, mas espero que não seja a última porque é muito bonita, é de ficar encantado com as músicas que ouvimos. Não sei os outros, mas eu cheguei a pensar que não estava ali. É muito emocionante viver momentos assim, espero poder viver esses momentos mais vezes. Depois que descobri essa escola, tenho mudado muito, tem sido muito bom para mim. (Vicente)

Os depoimentos evidenciam o quanto os estudantes de EJA são receptivos a novas experiências estéticas. E frequentemente também é assim que reagem, diante de novos saberes, a vivências proporcionadas pela escola. A forma como esses jovens e adultos se predispõem à fruição artística é muito semelhante a como se comportam em certas situações de aprendizagem, especialmente as que lhes proporcionam encantamento perante o conhecimento.

A escola, na sociedade letrada, é uma instituição voltada tanto para o desenvolvimento do ser individual, quanto para promover o encontro daquilo que é universal no ser humano. Toda compreensão, por mínima que seja, da expressão artística é uma construção social e histórica.

Para Bourdieu (2003), a função da escola consiste em desenvolver ou criar as disposições para a cultura, atuando como suporte de uma prática cultural duradoura e intensa. A instituição escolar deveria, pelo menos em parte, compensar a desvantagem daqueles sujeitos que não encontram, em seu meio familiar, incitação às práticas sociais que cultivem a apreciação da arte:

> Os bens culturais acumulados na história de cada sociedade não pertencem realmente a todos (ainda que formalmente sejam oferecidos a todos), mas àqueles que dispõem de meios para apropriar-se deles. Para compreender um texto científico ou desfrutar de uma obra musical são necessários a posse dos códigos, o treinamento intelectual e sensível capazes de permitir sua decifração. Como o sistema educacional entrega a alguns e nega a outros — de acordo com a posição socioeconômica — os recursos para apropriação do capital cultural, a estrutura do ensino reproduz a estrutura prévia da distribuição desse capital por entre as classes. (Bourdieu, 2003, p. 109)

A educação artística de um adulto favorece também a quebra de um preconceituoso e antigo tabu vigente: o da arte só ser acessível a poucos, a seres iluminados e pertencentes à elite. Na sociedade brasileira, há uma herança cultural que, ainda hoje, mantém a obra de arte e o artista alijados do cidadão comum. Desde os tempos em que a Corte de D. João VI vivia em terras brasileiras, na época da Missão Artística Francesa, a arte vem sendo associada à aristocracia, funcionando como lazer da elite. Para pessoas de classes sociais desfavorecidas, o artista é visto comumente como um ser dotado de dom divino, de inspiração permanente, de sensibilidade e de espontaneidade latentes, além de a arte representar um mistério indecifrável.

Olhar o entorno, observar o trajeto da escola ao trabalho, reconhecer os objetos artísticos da própria casa, resgatar costumes e tradições culturais são maneiras de ampliar o repertório artístico e aproximar o adulto das diversas manifestações da arte com as quais convive. Práticas de apreciação de prédios arquitetônicos, praças e monumentos da cidade ou a participação em eventos artísticos da comunidade podem desvelar o mistério que envolve talento e inspiração, levar os estudantes a perceberem que a sensibilidade se desenvolve com o tempo, o talento se cultiva, a inspiração é fruto de *insights* nascidos na experiência, no exercício e na consolidação de fatos vividos. E também ajudá-los a entender que arte é trabalho, e não uma atividade irracional, mágica, ociosa.

O tempo que os alunos permanecerão na escola de jovens e adultos pode ser curto. Para a maioria, isso significará uma rara oportunidade de vivenciar, discutir e refletir sobre arte. Resgatar e compartilhar experiências estéticas ajuda a diminuir a distância a que esses homens e mulheres se colocam diante da produção artística e possibilita que estabeleçam vínculos mais perenes com a arte.

No entanto, os saberes adquiridos nas aulas de Arte só fazem sentido ao aluno quando estão em consonância com o projeto pedagógico da escola, isto é, com objetivos mais amplos que capacitam o adulto a dominar novas tecnologias, a trabalhar em equipe, a expressar-se com segurança na língua materna, a desenvolver seu espírito crítico e sua consciência cidadã. O conhecimento da arte contribui, juntamente com os conhecimentos produzidos pelas outras áreas, para uma inserção maior do estudante no mundo do trabalho, da cultura e das relações sociais.

O olhar da estética

> *O que mata um jardim não é abandono...*
> *O que mata um jardim é esse olhar vazio,*
> *de quem por ele passa indiferente.*
>
> Mario Quintana

Como professora de Artes na EJA, fui apurando meu olhar em direção à estética. Durante bastante tempo, tratei-a apenas como solo da arte, relacionada às questões que ligam a arte à beleza, à harmonia, aos sentidos e aos sentimentos provocados pelo fazer arte ou pela fruição artística, na acepção clássica e tradicional do termo. Aos poucos, a prática docente me fez enxergar na estética a ponte entre a arte e as demais áreas do conhecimento humano.

Podemos compreender a estética também como uma dimensão do cotidiano. *Aisthèsis* — sua raiz semântica grega — é, entre os vários significados para a palavra estética, aquele que a designa como o conhecimento pelos sentidos. Essa significação vai ao encontro de um entendimento mais abrangente do termo, relacionando a estética não somente à arte, mas também à experiência vivida.

A estética habita toda a escola de adultos, não somente as aulas de Artes. O fascínio que muitos alunos e professores expressam é semelhante àquele revelado por meio de suas experiências estéticas com a arte. Nas situações de ensino e aprendizagem, às vezes até corriqueiras, alguns assumem espontaneamente uma postura de fruição, parecida com aquela que adotamos quando assistimos a um espetáculo artístico ou apreciamos um quadro: desfrutam prazerosamente de um estado em que todos os seus sentidos se aguçam para apreender o evento — no caso, o conhecimento escolar.

A estética fenomenológica

> *Tudo o que sei do mundo, mesmo devido à ciência, o sei a partir de minha visão pessoal ou de uma experiência do mundo sem a qual os símbolos da ciência nada significariam. Todo o universo da ciência é construído sobre o mundo vivido, e se quisermos pensar na própria ciência com rigor, apreciar exatamente o seu sentido, e seu alcance, convém despertarmos primeiramente esta experiência do mundo da qual ela é expressão segunda.*
>
> Merleau-Ponty

A estética hoje está na ordem do dia porque ela fixa um pé na realidade cotidiana, ao mesmo tempo em que traz para a reflexão teórica a complexidade da vida vivida. A estética promove o trânsito de ida e volta entre o discurso e a prática, revelando como se constitui o imaginário e a percepção dos homens na suas visões de mundo (Eagleton, 1993).

A estética enquanto fenômeno perceptivo e interativo faz a passagem entre homem e conhecimento, orienta o sentido das formulações práticas e teóricas sob o critério da sensibilidade, é mediadora entre o imaginário individual e o imaginário social.

A fenomenologia é um ramo da filosofia que estuda o fenômeno. Ao dirigir-se diretamente para a essência do real, procura ver a experiência enquanto fenômeno, a partir dela mesma, e não a partir de conceitos. Etimologicamente, fenomenologia é o estudo ou a ciência do fenômeno, daquilo que se mostra por si mesmo. Para isso, o itinerário é ir "à coisa mesma", buscando tornar visível e explícita a experiência vivida, a constituição do mundo-vida. A fenomenologia dilui a dicotomia entre sujeito e objeto e busca estabelecer uma relação dialógica, abarcando teoria e prática. A investigação fenomenológica não se consuma na conceituação dos fenômenos, mas no lidar dos homens com eles, na trama de significados que os sujeitos vão tecendo entre si ao se relacionarem com o mundo.

A fenomenologia tem a preocupação básica de contribuir para a superação do senso comum (atitude natural) em direção a uma postura fundamentada e crítica (atitude fenomenológica). Para o entendimento do fenômeno, é preciso ir até a essência da coisa, procurando vê-la a partir de sua própria realidade. O fenômeno liga indissoluvelmente ideias e coisas, constituindo um único processo, pois as ideias só existem porque são ideias sobre as coisas (Bueno, 2003). A tarefa da fenomenologia é a de revelar esse mundo vivido:

> o mundo passa a ser o conteúdo do meu saber, o conteúdo da minha experiência, o conteúdo do meu pensar e o conteú-

do da minha consciência. A fenomenologia husserliana parte, pois, da vivência imediata da consciência para chegar a pressupostos do nosso conhecimento (idem, p. 32).

A palavra conhecimento remete, em parte, a "nascer com" (*cum-nascere*). É na experiência que nasce o conhecimento. De acordo com os pressupostos fenomenológicos, o conhecimento não tem sentido se não estiver relacionado às coisas humanas. A construção desse conhecimento se faz através de uma leitura dialética da realidade, leitura que transcende o ver ingênuo e assume o olhar deliberado, uma postura investigativa e crítica — atitude fenomenológica.

A fenomenologia reúne, na intencionalidade, o sujeito e o objeto, a existência e a significação, o homem e o mundo. A estética fenomenológica conduz a uma visão de mundo imbricada no cotidiano que, justamente, não é indireta, mas, antes, enraíza-se profundamente na própria coisa, dela se nutre e, portanto, dela frui. Estética e fenomenologia compreendem uma educação subjacente entre o viver e o conviver.

No caótico movimento do nosso mundo, todas as certezas são permanentemente questionadas. Desse modo, "é importante pôr em ação um pensamento flexível, intuitivo, alusivo, quando não há dúvida de que é da sedimentação de tudo isso que pode nascer um conhecimento mais profundo, mais próximo da realidade" (Maffesoli, 2001, p. 126). A atitude fenomenológica remete para um pensamento orgânico, como a expressão do íntimo vínculo que existe entre a natureza e a cultura, o micro e o macrocosmo.

Ao reunir os campos da Estética e da Fenomenologia no âmbito da Educação de Jovens e Adultos, o intento é o de refletir amplamente sobre a importância da dimensão estética na escolarização desse público enquanto território da vida vivida.

A estética na escola de adultos

> *Talvez seja hora, num momento em que se assiste a uma crescente estetização da existência, e isso em todos os domínios, de pensar a ciência ou, mais modestamente, o conhecimento, como uma arte.*
>
> Michel Maffesoli

No cotidiano da EJA, muitos professores, assim como eu, se maravilham com a postura de receptividade dos alunos e suas práticas pedagógicas são impregnadas de estética. Alguns desses educadores selecionam conteúdos e orientam atividades que estimulam sensorialmente os educandos, que possibilitam a aprendizagem de conhecimentos escolares partindo dos saberes sensíveis e primordiais dos sujeitos, dos conhecimentos da vida vivida, corroborando com o princípio de que a estética encontra-se na base do conhecimento humano, de que ela é parte essencial dos atos de ensinar e aprender.

A seguir, encontram-se alguns depoimentos de professores de EJA que manifestam no olhar um encantamento por seu trabalho com jovens e adultos. Essas falas não são oriundas de entrevistas formais, mas foram selecionadas de conversas informais, gravadas, nas quais dialoguei amplamente com meus colegas.

Cláudio, por exemplo, é professor de Língua Portuguesa no Ensino Médio. Seus olhos iluminam-se quando declara que sente muito prazer em entrar em uma sala de jovens e adultos, que enxerga muitas belezas em seu ofício:

Eu encontro muitas belezas em trabalhar com adultos. Desde o esforço do aluno em vir para a escola, em se envolver com a aula e superar o cansaço, à beleza da troca que se dá... O tempo todo você trocando experiências com o aluno. É impressionante, por exemplo, quando a gente trabalha a leitura de um texto, as contribuições que eles trazem são superbonitas, eles sempre evidenciam aspectos em que eu não tinha pensado, mesmo em textos com que eu convivo há muito tempo. De repente, alguém percebe uma coisa superimportante, um detalhe que, claro, tem a ver com a própria experiência, e isso enriquece demais a aula. E se você soma uma experiência à outra, à outra, à outra... A gente faz leituras de uma profundidade bastante grande.

Muitas vezes eu me emociono com o silêncio respeitoso do aluno frente ao conhecimento. Você propõe um exercício e ver todos concentrados, fazendo o exercício... Esse silêncio é muito bonito de perceber.

É lindo também o aluno do Ensino Médio que começa a sentir uma nostalgia antes de acabar o curso, mas uma nostalgia que o mobiliza. Isto é, ele tem interesse em continuar estudando, ele sabe que o estudo passou a ser parte da sua vida, e de um jeito que ele não consegue mais ficar em casa à noite sem viver essas situações que a escola oferece.

Em outra ocasião, conversei com Marco, professor de Matemática no Ensino Fundamental 2 da EJA, sobre como acolher os conhecimentos prévios dos alunos e trabalhá-los em sala de aula. Sua fala enfatiza que a ação do professor não se dá no sentido de acrescentar saberes ao aluno, mas sim de ampliar seus saberes prévios — aspecto fundamental para o processo de ensino e aprendizagem com jovens e adultos:

Ensinar Matemática não é passar do que o aluno sabe para o que ele não sabe: é ampliar o que ele já sabe. Por exemplo: apresentar os números negativos, o conjunto dos números negativos. Esse é um campo de exploração muito novo para o aluno, porque ele nunca representou, enfim, nunca operou dentro desse conjunto. Mas o cara faz a compra na venda, deixa a conta pra pagar no mês que vem, pede emprestado... Ele já conhece algumas relações. A ideia é partir dessas coisas e problematizar.

(...) Outro exemplo é quando vamos resolver uma equação: temos vários caminhos, não há um procedimento único, determinado previamente. Aí, na aula, a gente começa a discutir essa variabilidade: fulano resolveu desse jeito, mas outro aluno acha que aquele caminho é muito complicado: "eu penso desse outro jeito". Nós vamos analisando os caminhos, mas dentro das regras estabelecidas pela linguagem. O importante é o aluno perceber que, mesmo dentro de um contexto, onde as coisas já estão dadas, ele consegue fazer o percurso dele. Se você for pensar, num certo sentido, as coisas na vida dele já estão meio dadas: o cara vive dentro de uma estrutura onde tem lá um patrão, onde ele não tem autonomia nenhuma de fazer um caminho próprio. Há muitos alunos que nem conseguem falar, porque têm medo de se expor, de dizer alguma bobagem... Para eles, não existe a possibilidade do diálogo: mandam fazer e eles executam.

Marco enfatiza a importância de acolher os conhecimentos prévios dos jovens e adultos:

A aprendizagem só ocorre quando você abre espaço para o aluno se apresentar e expressar o que ele conhece. Esse encontro com o aluno só é feliz e saudável quando você consegue deixar os alunos à vontade para poderem se colocar e não tentar elevar o nível da conversa, no sentido: "vamos ver o próximo capítulo do livro". (...) Na verdade, o que interessa é como você insere o aluno na discussão. (...) A gente já trabalha com um cara que é excluído de "n" situações, se você excluir ele da aula também, não sobra nada.

Leda, professora de Língua Portuguesa do Ensino Fundamental 2, organiza, semestralmente, com os alunos de uma classe um caderno de receitas de pratos que eles saboreavam na infância. O poder sensorial da memória gastronômica e a afetividade dessas lembranças fomentam uma produção escrita bastante fluente, afastando, de certa maneira, dificuldades que o adulto encontra para expressar-se por escrito, pois o registro passa a traduzir sua vivência, sua singularidade. Na apresentação do livro, Leda revela como esta prática auxilia o aluno a sentir-se um fazedor da história, um protagonista de sua época:

> Os alunos escrevem sobre algumas das suas memórias mais queridas — e por que não? — doloridas de sua experiência alimentar de quando ainda eram bastante jovens. Estas lembranças ajudam-nos a compreender os costumes caseiros do povo do qual fazemos parte e nascido em diferentes regiões do país. (...) Essa memória gastronômica aqui registrada vai carinhosamente contando nossa vida e revelando-nos enquanto seres fazedores de História.[1]

Os textos dos alunos, embebidos de sentimentos e de sabores, são temperados pelas lembranças da infância:

> A comida que eu mais gostava era feijão verde. Minha mãe preparava aquele prato com leite de vaca, numa panela de barro. (...) O feijão não podia ser requentado porque as pessoas falavam que quem o comesse poderia morrer. Por isso, sempre quando sobrava, minha mãe colocava o restante do feijão para os porcos. Eu gostava quando minha mãe servia aquele prato. Gostava de apreciá-lo com farinha de mandioca para eu poder fazer bolinho de feijão. (João)

---

1. Memórias gastronômicas dos alunos e alunas da Fase 7, Curso Supletivo Santa Cruz. São Paulo, 2002.

Prato bom era caranguejo servido com arroz e feijão, com leite com farinha adoçado, do lado. E eu gostava quando o caranguejo tinha ova. Era uma delícia. (Alexandre)

Comida boa, também, era quando minha mãe ganhava neném. Era um pirão de galinha caipira bem gostoso. Quem fazia era meu pai, mas ele fazia com tanto capricho que de longe se podia sentir o cheiro daquela comida. Quando ficava pronto o pai me mandava levar a comida no quarto para a mãe. E ele já deixava a minha parte na panela. Eu voltava correndo para a cozinha e meu pai colocava um pouco de arroz naquela panela com o final do pirão. Eu pegava a panela e ia para o quarto fazer companhia para minha mãe. Não podia sentar na cama dela e ficava no chão, perto dos pés da cama. (Alice)

A escola contemporânea precisa recuperar a natureza estética da pedagogia. Marilena Chaui, no artigo "O que é ser educador hoje?", discorre sobre como os mecanismos de intimidação e exclusão escolares estão no corpo do discurso científico quando este é colocado como o único discurso competente. A autora pergunta: "Como pensar uma escola capaz de romper com essa violência chamada "modernização"? Como não cair nas armadilhas de uma pedagogia como ciência?" e, citando Platão, aponta para a necessidade de recuperar a escola como arte, de resgatar a natureza estética da pedagogia:

Platão pretende afastar toda pedagogia que não esteja comprometida com o conhecimento simultâneo do verdadeiro e do justo, que para ele são o próprio bem e o belo. (...) A pedagogia seria esse lado da filosofia voltado para aquelas almas que não se esqueceram inteiramente da verdade outrora contemplada, que não beberam das águas do rio. Esquecimento, sabendo suportar a sede momentânea para não perder um bem irrecuperável na sociedade. Pedagogia e filosofia, destinadas a liberar o espírito das sombras da caverna, pô-lo em contato com a luz fulgurante do Bem/Belo. (Chaui, 1992, p. 60).

Chaui conclui afirmando: "Ensinar era dividir a palavra — diálogo com aquilo que já sabem, embora *ainda* não o saibam". Aprender é lembrar... Ou, como dizia o camponês mineiro: "Pra toda gente saber de novo o que já sabe, mas pensa que não. Parece que nisso tem segredo que a escola não conhece" (Souza, 1980, p. 198).

Aprender só faz sentido quando a história do sujeito é considerada ou, em outras palavras, quando as expectativas, a concepção de vida, a autoimagem e a imagem que quer dar de si aos outros estão presentes. A dimensão estética do aprender manifesta-se como fruição do viver.

O olhar estético da ciência

> *A vida animal é biologicamente estética; cada espécie revelando-se em pelos, caudas, plumagens, peles, cascas, garras, chifres, presas, colorações, brilhos, conchas, proporções, asas, danças, cantos (...).*
> *Se a própria vida é biologicamente estética e se o próprio cosmo é primariamente um evento estético, então a beleza não é apenas um acessório cultural, uma categoria filosófica, um domínio das artes, ou mesmo uma prerrogativa do espírito humano. Ela sempre permaneceu indefinível, porque é uma testemunha sensorial daquilo que está fundamentalmente para além da compreensão humana.*
>
> James Hillman

Todas as criações humanas, tanto na arte quanto na ciência, são uma extensão da nossa experiência para novos campos e afetam-nos profundamente, no campo mental e emocional, sempre que correspondem à nossa experiência e ao mesmo tempo se projetam para mais longe (Bronowsky, 1998).

A arte e a ciência surgem, na história da humanidade, a partir de uma necessidade vital, que todos nós temos: a de encontrar beleza. A busca por significados nos leva a procurar uma ordem íntima nas coisas, a estabelecer relações que façam sentido, que tenham uma verdade. Quando encontramos essa verdade, achamos a beleza. Para Ostrower, "a beleza não é o *bonitinho*, a beleza é essa verdade mais profunda, essa harmonia, essa justeza interior que a gente descobre, por exemplo, nas ordenações da natureza" (filme *Janela da Alma*, 2001).

O matemático Henri Poincaré (1854-1912), precursor das teorias de Albert Einstein, falando sobre o processo criador na matemática, em um depoimento[2] que se tornou famoso, demonstra como a busca pela beleza é essencial no fazer do matemático:

> (...) como se dá a escolha prévia pelo inconsciente de certas ideias, para que passem ao nosso consciente e se coloquem como hipóteses? (...) é porque essas ordenações têm beleza.
>
> (...) De um modo geral, os fenômenos inconscientes privilegiados, aqueles que se tornam conscientes, são os que direta ou indiretamente afetam de modo mais profundo a nossa sensibilidade. Talvez seja surpreendente evocar a sensibilidade emocional a propósito de demonstrações matemáticas, que aparentemente só poderiam dizer respeito ao raciocínio. Mas isto seria esquecer os sentimentos de beleza matemática, de harmonia de números e formas, de elegância geométrica. Este é um sentimento verdadeiramente estético, que todos os ma-

---

2. Henri Poincaré, *Mathematical creation*, citado em Brewer Ghiselin, editor de *The creative process*, Mentor Books, The University of California Press, Berkeley, 1963, p. 33-42.

temáticos conhecem muito bem e que, sem dúvida, pertence à sensibilidade emocional.

(...) Portanto, esta sensibilidade específica, estética, (...) quem não a tiver jamais será um verdadeiro criador.

Na escola, uma aprendizagem significativa ocorre quando desvelamos essas ordenações e encontramos uma verdade interior. Quando a beleza se assoma, acalmamos nossas inquietações diante do desconhecido. Esse é o sentido de *verdade* compartilhado tanto pela arte quanto pela ciência. A procura pela beleza está na essência do ensinar e do aprender, em qualquer esfera do conhecimento humano, mais importante que as diferenças de conteúdo que separam as áreas.

Educação Estética e transdisciplinaridade

> *Um galo sozinho não tece uma manhã;*
> *ele precisará sempre de outros galos.*
> *De um que apanhe esse grito que ele*
> *e o lance a outro; e de outros galos*
> *que com muitos outros galos se cruzem*
> *os fios de sol de seus gritos de galo,*
> *para que a manhã, desde uma teia*
> *tênue, se vá tecendo, entre todos os galos.*
> *E se encorpando em tela, entre todos,*
> *se erguendo tenda, onde entrem todos,*
> *se entretendendo para todos, no toldo*
> *(a manhã) que plana livre de armação.*
> *A manhã, toldo de um tecido tão aéreo*
> *que, tecido, se eleva por si: luz, balão.*
>
> João Cabral de Melo Neto

Na base da viabilização de uma proposta de Educação Estética na EJA, que abarque todas as disciplinas do currículo, encontram-se os projetos de integração entre as diversas áreas do conhecimento. Ao concebermos o conhecimento humano como uma teia, em que todos os elementos encontram-se conectados, entendemos que aprender significa tecer relações que se articulam em redes, em tramas epistemológicas, em totalidades multifacetadas. De acordo com Kleiman (1999), as metáforas da rede e da teia são amplamente usadas na escola, principalmente quando se referem a projetos que integrem diferentes disciplinas. Essas metáforas nos ajudam a compreender que a Educação Estética se consolida em uma perspectiva de integração porque aponta para um conhecimento que não se constrói na verdade de cada disciplina, mas sim na verdade do homem enquanto ser no mundo, no constante vir a ser do indivíduo, na historicidade humana.

A transdisciplinaridade perfaz caminhos de aprendizagem que se realizam entre as disciplinas, através e além delas. Os saberes disciplinares perdem suas especificidades, seus modos de ser particulares, para configurar um novo saber na inteireza dos fenômenos da cultura e da vida. A cultura e a vida são concebidas como urdiduras compostas de fios, que durante o processo de ensino e aprendizagem imprimem unicidade à intuição e à razão, ao sentimento e ao pensamento, ao corpo e ao espírito. A transdisciplinaridade nutre-se dos mananciais da Tradição, da Ciência, da Arte e da Filosofia, os grandes pilares de conhecimento e de sabedoria humana, enfatizando práticas educativas que acolham a escuta sensível, o olhar transversal, a abertura para a diversidade, enfim, aprendizagens éticas e estéticas (Nicolescu, 2008).

Entendemos que, na EJA, sejam cruciais os projetos pedagógicos que buscam aproximações entre as disciplinas para possibilitar aos estudantes uma melhor identificação entre o vivido e o estudado e ir ao encontro da construção de um saber socialmente construído e não compartimentado. Aproximações entre as disciplinas escolares também pressupõem uma atitude filosófica — fenomenológica — por parte dos educadores. Dissolver as amarras que separam as matérias e transcender a problemática própria de cada uma requer um direcionar-se para a essência, para o lugar onde as disciplinas nascem, para a natureza do conhecimento que produzem, a caminho de um melhor entendimento da realidade que elas nos fazem conhecer.

Nesses projetos, a parceria se evidencia como propulsora dos diferentes graus de aproximação e integração entre os diversos conteúdos, levando os educadores especialistas envolvidos a reconhecer os limites de seu saber, para acolher as contribuições de seus colegas, buscando um equilíbrio entre o disciplinar e o transdisciplinar. A parceria se constitui em uma forma de consolidar a intersubjetividade, é

> a possibilidade de que um pensar venha a se complementar no outro. A parceria consiste numa tentativa de incitar o diálogo com outras formas de conhecimento a que não estamos habituados e, nessa tentativa, a possibilidade de interpenetração delas (Fazenda, 2003, p. 69).

Nesse sentido, aprender e ensinar por meio de projetos pressupõe encontro, reciprocidade, amizade e respeito mútuo. Implica um ver no outro o eu próprio, uma aceitação das limitações alheias e das próprias. A troca é cultivada nas relações entre alunos, entre professores e entre educador e alunos, acabando por revelar que a riqueza desses projetos está tanto no encontro entre indivíduos quanto no encontro entre disciplinas.

O que realmente se busca é a superação da fragmentação presente no processo educativo, é o diálogo, a interação solidária dos sujeitos da educação, encontro esse fundamental no momento histórico em que vivemos, marcado pelo individualismo e pela competição desenfreada. A transdisciplinaridade e a integração entre as disciplinas possibilitam que o *corpus* do pensamento não se descole da experiência vivida, apontando um caminho fecundo para a escolarização na sociedade contemporânea.

Seleção de conteúdos na Educação Estética

> *As árvores velhas quase todas foram preparadas para o exílio das cigarras. Salustiano, um índio guató, me ensinou isso. E me ensinou mais: Que as cigarras do exílio são os únicos seres que sabem de cor quando a noite está coberta de abandono. Acho que a gente deveria dar mais espaço para esse tipo de saber. O saber que tem força de fontes.*
>
> Manoel de Barros

Uma Educação Estética na EJA requer a seleção criteriosa de conteúdos que atendam a necessidades e expectativas do alunado. Já na década de 1960, Paulo Freire (1981) preocupava-se com a importância de se trabalhar com temas significativos para os alunos adultos e propunha o que chamou de temas geradores: corpos de conhecimento que se debruçam sobre aspectos da realidade, mantendo ligação com o universo conhecido pelos estudantes e que os impulsionam para novas descobertas. Dentro dessa concepção, é importante que as áreas elejam temas-núcleo, de caráter estético-fenomenológico, ou seja, tópicos que são primordiais e, ao mesmo tempo, abrangentes, temas que facilitem ao aluno construir uma significação mais ampla e articulada de cada conjunto de conteúdos.

Delimitar quais são os conhecimentos essenciais a uma compreensão abrangente de cada área do conhecimento humano não é tarefa simples. Na verdade, não se constituem em temas isolados, mas em temas mobilizadores, que, por um lado, estabelecem conexões com a vida vivida e, por outro, favorecem uma reflexão que ultrapasse essas relações iniciais, em direção a um entendimento mais profundo e mais generalizado dos assuntos. Consistem em temas privilegiados que, se bem trabalhados pelo professor, ajudam o sujeito a transcender uma concepção prévia de mundo, sair de um estado de *fé perceptiva*[3] para um estado de reflexão, de compreensão, de contextualização histórica e cultural. Os temas férteis são aqueles que ultrapassam os muros da escola, que oferecem um entendimento mais amplo das práticas sociais e culturais da Arte, da Ciência, da História, da Geografia, da Matemática, da Língua Materna e das Línguas Estrangeiras.

Com essa perspectiva, os temas podem ser caracterizados como estéticos, pois desencadeiam conhecimentos que são, ao mesmo tempo, essenciais e universais. Constituem-se em assuntos de excelência das diversas áreas do conhecimento humano, que geram saberes a partir de uma recepção estética, que nascem não de ideias encerradas, conceituadas previamente. Conformam-se em temas fecundos porque contêm matrizes conceituais e deflagram uma criação ilimitada de sentidos, justamente porque instalam o sujeito em

---

3. Conceito cunhado por Merleau-Ponty. Na fé perceptiva, temos uma crença ou adesão espontânea ao mundo, aceitamos o mundo real como mundo percebido, sem qualquer questionamento. Ver já o subtópico *Visão de mundo* no Capítulo 2 — "O olhar do aluno adulto".

um mundo simbólico onde o sensível convive intimamente com o inteligível.

Para uma seleção de conteúdos, em qualquer uma das áreas do conhecimento, que englobem temas com caráter estético-fenomenológico, elencamos três critérios básicos:

- Que os temas selecionados estabeleçam relações com aspectos da vida vivida: em que medida sua aprendizagem leva o sujeito a construir significações que se ancorem no cotidiano, em suas vivências pessoais?

- Que os temas selecionados facilitem o desenvolvimento de habilidades metacognitivas: em que medida sua aprendizagem leva o sujeito a descolar seu pensamento do "senso comum", de suas experiências particulares, e a construir um pensamento mais abstrato e prospectivo, a estabelecer relações conceituais mais generalizadas, a formular concepções universais?

- Que o aprendizado possibilite experiências estéticas: como os temas selecionados favorecem um processo de ensino e aprendizagem que desencadeie experiências estéticas no sujeito, provoque encantamento, mobilize emoções e sentimentos, desperte lembranças, ative a imaginação, estimule uma visão sensível e receptiva, fomente um olhar curioso e reflexivo, de recriação do mundo, de reconstrução de ideias e valores?

Sob essa perspectiva, podemos ver na Educação Estética uma saída para muitos dos problemas de aprendizagem que a EJA vem enfrentando. A estética pode e deve estar presente em todas as disciplinas escolares, na prática pedagógica de qualquer professor, no olhar de cada aluno.

A transversalidade da estética no currículo escolar

> *O objeto estético significa — e é belo com a condição de significar — certa relação do mundo com a subjetividade, uma dimensão do mundo: ele não me propõe uma verdade a respeito do mundo, ele descortina-me o mundo como fonte de verdade. (...) Como se o real só se entregasse pela magia do irreal.*
>
> Mikel Dufrenne

Educar é um ato impregnado de estética. Educador e educando, juntos, ressignificam mutuamente suas experiências. Ao criar novos sentidos para sua existência, ao transformar seu olhar sobre o mundo, o indivíduo mobiliza seu corpo inteiro: razão e emoção, afetividade e cognição, respondendo com todo o seu ser intelectual, sensível e sensual. Ao refletir sobre os significados criados, o sujeito desprende seu olhar sobre si mesmo e vê o ser humano em sua maravilha.

O lugar do conhecimento é o corpo do indivíduo, por isso o ato de aprender é estético por natureza. Meira (2001, p. 133) afirma que:

> No estético encontra-se a possibilidade de perceber e pensar sobre tudo aquilo que qualifica a experiência humana, porque essa qualificação é o resultado da integração de todas as capacidades humanas para dialogar com o meio. O meio ambiente, qualificado pela experiência estética, deixa de ser uma simples materialidade, convertendo-se num potencial e diversificado universo de relações significativas.

Aprender pode ser maravilhar-se. O aprender estético é dinâmico, aproxima intimamente o sujeito de si e, ao mesmo tempo, o afasta. Engendra uma nova visão, pois gera um movimento de construção de si mesmo pela intervenção do outro. Assim como o *zoom* de uma câmera, aprender esteticamente conduz o olhar para campos que ora se reduzem, ora se amplificam, ora estão perto, ora distante, ora são pequenos, ora grandes, do particular para o geral e do geral para o particular.

Fazer emergir a natureza estética de cada disciplina pressupõe uma relação de ensino e de aprendizagem que coloca a experiência humana no centro da cena pedagógica, mantendo em relevo a interação entre as experiências particulares e a experiência comum da humanidade. O conhecimento se revela, assim, como um eco da própria experiência, que o sujeito vê desdobrar-se para testemunhar a experiência humana universal. A Educação Estética desvela o homem em sua verdadeira grandeza, em um modo de existência essencialmente humano, mais afastado da animalidade.

A proposta de trazer a estética para o currículo, sob uma perspectiva de transversalidade, não é a de introduzir a estética como disciplina, como mais um assunto de escola. A intenção também não é a de fazer da estética um tema transversal. Nos Parâmetros Curriculares Nacionais (PCN), propostos pelo MEC (Ministério da Educação e Cultura, 1998), os temas transversais são: Ética, Meio Ambiente, Saúde, Orientação Sexual, Pluralidade Cultural, Trabalho e Consumo. Iluminar a estética dentro do currículo é também fazê-la emergir dos próprios temas transversais, é devolver-lhe seu devido lugar: na essência de todos os conhecimentos humanos.

A transversalidade da estética diz respeito, principalmente, à dimensão didática, a procedimentos pedagógicos que enfatizam e se orientam para a natureza originária e para as práticas sociais dos diversos conteúdos abordados. Em outras palavras, a transversalidade da estética aponta diretamente para a prática educativa do professor e para suas capacidades de evidenciar os aspectos sensíveis dos conhecimentos teoricamente sistematizados, de promover o trânsito entre teoria e práticas sociais dos conhecimentos, de instigar o olhar do aluno para que amplie sua visão de mundo, continue buscando sentidos, criando e recriando significações.

A estética dentro de uma perspectiva de transversalidade, no currículo da escola, conduz a um caminho pedagógico enriquecido por aspectos que são peculiares à arte, mas que também habitam as outras áreas do conhecimento. Ajuda o professor a formar o olhar do artista: um olhar sensível, intuitivo, crítico, imaginativo, inquieto, visionário. Acrescenta ao currículo disciplinas com abordagens estéticas: aprendizagens fundadas na experiência, que impulsionem o aluno a *conduzir o mundo para dentro de si* — segundo a etimologia da palavra *aisthèsis* —, que promovam transformações significativas no olhar, que possibilitem que o conhecimento construído não fique apenas na superfície, mas que deixe marcas indeléveis no sujeito. Enfim, a Educação Estética pressupõe aprendizagens escolares que contribuam efetivamente para o desenvolvimento e para a humanização do indivíduo, experiências que transcendam o individual e se estendam para uma dimensão sociocultural, privilegiando, assim, a interação entre a escola e a vida.

PARA SABER MAIS

Uma experiência de Educação Estética no Ensino Médio da EJA

No EJA Santa Cruz, na cidade de São Paulo, durante alguns anos os professores e alunos do Ensino Médio desenvolveram, dentro de uma perspectiva de Educação Estética, um projeto de integração entre as disciplinas. Esse projeto apresentava uma arquitetura bastante complexa, com momentos de produção individual e momentos de produção grupal dos alunos. Ele ocorria semestralmente, na fase 1 do Ensino Médio da EJA, e envolvia as disciplinas de Artes, Biologia, Geografia, Matemática e Língua Portuguesa.[4]

Esse projeto ocorria em quatro etapas bem demarcadas. No primeiro momento, cada disciplina desenvolvia conteúdos próprios a partir de temas estéticos e, individualmente, o aluno deveria ler e produzir textos e imagens sobre os assuntos abordados; no segundo momento, os alunos trabalhavam em grupos temáticos para tecer um trabalho coletivo a partir das produções individuais; no terceiro, os grupos apresentavam as produções realizadas; no quarto momento, realizava-se uma avaliação coletiva. Os temas variavam, mas durante algum tempo permaneceram constantes:

- Artes Visuais: "A obra de arte";
- Biologia: "A origem da vida";
- Geografia: "Globalização: exclusão e inclusão";
- Língua Portuguesa: "O poder das palavras";
- Matemática: "A Matemática na Arte".

---

4. Descrição pormenorizada do projeto encontra-se em ALVARES (2006).

Analisaremos aqui a apresentação e avaliação de um desses trabalhos, sob a perspectiva estética. Essa etapa do projeto era centrada em procedimentos para a apresentação e comunicação pública de ideias, ou seja, para a oralidade e a utilização de diferentes linguagens e mídias presentacionais, ocorrendo ao final do processo, quando os grupos mostravam para outros alunos da classe e do curso de Ensino Médio os resultados de seus trabalhos.

As apresentações buscavam cumprir uma finalidade estética e comunicativa. Em outras palavras, a comunicação dos conteúdos devia atender a uma forma expressiva, organizada, coesa, clara, criativa e bem acabada. Para tal, era importante que as ideias principais dos textos escritos, na primeira fase do projeto, fossem mantidas e, juntamente com as imagens criadas, produzissem novas formas de serem abordadas, ganhando novos significados.

As apresentações dos trabalhos da classe ocorriam em duas noites e constituíam verdadeiros acontecimentos. Os alunos se preparavam ansiosamente para as *performances*: produziam figurinos, maquiagem, cenários. As apresentações aconteciam em um anfiteatro da escola, local que dispõe de palco e equipamentos como microfones, mesa de som e luz, telão, computador etc. Os *atores* costumavam convidar, além dos colegas de outras classes, parentes próximos que geralmente eram incumbidos de fotografar ou filmar os espetáculos.

Ao final das apresentações, havia debates coordenados pelos professores entre os alunos que apresentavam e os alunos que assistiam. As perguntas e depoimentos giravam em torno do processo de construção dos trabalhos, abordavam sentimentos vividos no palco, as relações travadas nos grupos e, fundamentalmente, a pertinência e a clareza das ideias comunicadas publicamente.

Em um desses debates ocorridos entre os estudantes, poderemos compreender melhor como uma proposta de Educação Estética é capaz de nortear os processos de ensino e aprendizagem na Educação de Jovens e Adultos. Esse episódio ocorreu em novembro de 2004, após a apresentação de um trabalho em grupo que tinha como tema "O poder das palavras".

Antes, é importante esclarecer que um tema como "O poder das palavras" é estético porque leva o aluno a descobrir que a linguagem pressupõe uma consciência da linguagem. Os sentidos das palavras brotam na subjetividade de cada um, mas é pela comunicação com o outro que as significações são construídas, no mundo cultural, e transformam as palavras em valores. Os alunos passam a ter uma compreensão mais social e cultural do uso da palavra, ampliam sua consciência com relação aos múltiplos sentidos que as palavras adquirem ao submeterem-se à diversidade de contextos comunicativos.

Nessa noite, os alunos que haviam apresentado estavam sentados na frente, em uma espécie de palco, para um debate com os alunos que os haviam assistido. Um jovem da plateia iniciou a conversa, perguntando aos colegas do palco:

> No semestre passado eu participei de um trabalho com este mesmo tema e aprendi que as palavras que a gente fala bem são palavras benditas e as palavras que a gente fala mal são palavras malditas.
> Quem de vocês já viveu algum episódio em sua vida em que sentiu fortemente o peso e o poder que as palavras têm, alguma coisa que o marcou para sempre?

Uma jovem do palco prontamente respondeu que havia vivido um episódio recente, que evidenciava que as palavras podem ser muito poderosas. Ela contou que, em seu primeiro dia de trabalho como doméstica, a patroa a chamara e dissera:

> Menina, você está vendo esta colher? Ela está na pia agora. Mas da pia ela pode ir parar na janela, da janela ela pode ir para a lavanderia e da lavanderia ela pode acabar na sua bolsa...

Ao terminar de narrar, com voz embargada, a garota declarou que aquela patroa a havia ofendido profundamente por tê-la tratado como uma ladra em potencial e concluiu que aquelas palavras adquiriram muito mais poder porque foram proferidas por uma patroa, ou seja, por uma pessoa muito poderosa.

Os outros estudantes que haviam se apresentado também deram seus depoimentos a respeito de como aprenderam a usar melhor as palavras depois daquele trabalho escolar, demonstrando a vasta experiência de vida de que são portadores. Uma fala de destaque veio de uma das alunas mais velhas da turma, uma mulher com cerca de 50 anos:

> Eu aprendi que as palavras, depois de serem faladas, não podem mais voltar para a boca. Meus pais me ensinaram que é preciso ter muito cuidado com o que se vai dizer...

Todos do grupo foram unânimes ao afirmar que, daquele momento em diante, pensariam mais antes de falar, pois, com o trabalho, adquiriram consciência do poder que as palavras têm. Ao final dessas falas, outra estudante da plateia tentou imprimir um tom mais conceitual à conversa e disse:

> Vejo que vocês estão muito em torno do poder das palavras nas relações entre as pessoas, no dia a dia. Queria saber se

vocês conseguiram perceber o poder das palavras na poesia ou no texto literário?

Dessa vez, quem respondeu foi um aluno com cerca de 40 anos. O homem pediu a palavra e, com segurança e firmeza, declamou um texto poético em resposta:

> Tua palavra tem o poder de ser lançada no abstrato do vento [ele fez um longo gesto com o braço e abriu a mão, como se estivesse jogando algo para a plateia], quando falada não volta atrás! Então, pense bem antes de falar!

Essa última fala expressa claramente uma compreensão estética do tema. O sujeito falou espontaneamente, mas com profundidade, com emoção; suas palavras estavam carregadas de significados e a expressão que seu corpo assumiu para dizê-las foi de extrema beleza e harmonia. Ele tocou sensivelmente os outros alunos que prontamente reagiram, aplaudindo-o calorosamente.

Na sequência de depoimentos sobre "O poder das palavras", vale a pena analisar mais detidamente o percurso que a conversação tomou. Enquanto era narrado o episódio da colher, o olhar inicial dos estudantes estava voltado para acontecimentos cotidianos, que se relacionavam diretamente ao assunto. Naquele primeiro momento, as falas sobre o uso das palavras no dia a dia submeteram-se a uma espécie de interpretação moral do tema: as boas palavras provocam o bem e as más palavras provocam o mal. Surgiu, então, uma intervenção mais conceitual, quando houve o questionamento sobre o poder das palavras na poesia e no texto literário. Esta pergunta transformou significativamente o rumo da conversa, ocorrendo, então, uma resposta estética que, de certa forma, uniu o conceitual ao cotidiano.

Esse debate reafirma a presença da estética no âmbito da Educação de Jovens e Adultos. A estética como fenômeno perceptivo e interativo orienta o sentido das formulações práticas e teóricas sob o critério da sensibilidade, é mediadora entre o imaginário individual e o imaginário social, faz a passagem entre homem e conhecimento.

A palavra "conhecimento" remete, em parte, a "nascer com" (*cum-nascere*). É na experiência que nasce o conhecimento. O conhecimento não adquire sentido se não estiver relacionado às coisas humanas. A construção desse conhecimento se faz por meio de uma leitura dialética da realidade, leitura que transcende o ver ingênuo e assume o olhar deliberado, uma postura investigativa e crítica.

Nos diálogos acima, pudemos apreciar o percurso da construção do conhecimento escolar entre os estudantes do Ensino Médio da EJA. Do seu nascimento, nas experiências de vida, à passagem pelo território sensível da estética até a região das significações compartilhadas culturalmente, nos domínios do letramento.

Indicações de leitura

ALVARES, Sonia Carbonell. *Arte e Educação Estética para Jovens e Adultos*: as transformações no olhar do aluno. 2006. Dissertação de Mestrado em Educação. Universidade de São Paulo – Faculdade de Educação. 180 p. Disponível em: <http://www.teses.usp.br/teses/disponiveis/48/48134/tde-22062007-094232>.

FAZENDA, Ivani. *Interdisciplinaridade*: qual o sentido? São Paulo: Paulus, 2003.

KLEIMAN, Ângela B.; MORAES, Silvia E. *Leitura e interdisciplinaridade*: tecendo rede nos projetos da escola. Campinas: Mercado de Letras, 1999.

SOARES, Magda. *Letramento*: um tema em três gêneros. Belo Horizonte: Autêntica, 1998.

Indicações de sítios na internet

- ONG Ação Educativa: <http://www.acaoeducativa.org.br/portal/>.
- Cereja – Centro de Referência em Educação de Jovens e Adultos: <http://www.cereja.org.br/site/home.asp>.
- Colégio Santa Cruz- Curso de EJA: <http://www.santacruz.g12.br/index.php/cursos/educacao-de-jovens-e-adultos>.
- CREFAL – Centro de Cooperación Regional para La Educación de Adultos en América Latina y el Caribe: <http://tariacuri.crefal.edu.mx/crefal/crefal2011/>.
- Fóruns de EJA no Brasil: <http://forumeja.org.br/>.

Capítulo 2
O OLHAR DO ALUNO ADULTO

Alunos do Curso de EJA Santa Cruz.

> *Os homens, na idade adulta, terão evidentemente um caráter intermédio entre os de idade jovem e os velhos, com a condição de suprimir o excesso que há nuns e noutros.*
> *Não mostrarão nem confiança excessiva oriunda da temeridade, nem temores exagerados, mas manter-se-ão num justo meio relativamente a esses dois extremos.*
>
> Aristóteles

Visão de mundo

A visão de mundo de uma pessoa que retorna aos estudos depois de adulta, após um tempo afastada dos bancos escolares, ou mesmo daquela que inicia sua trajetória escolar em uma fase adiantada da vida, é bastante peculiar. Protagonistas de histórias reais e ricos em experiências vividas, os alunos adultos configuram tipos humanos os mais diversos, homens e mulheres que vão para a escola com crenças e valores já constituídos. Nas grandes metrópoles, como São Paulo, as escolas noturnas recebem estudantes com traços de vida, origens, idades, vivências profissionais, históricos escolares, ritmos de aprendizagem e estruturas de pensamento completamente variadas. Cada tipo de aluno corresponde a uma realidade. E não poderia ser de outra forma, pois são pessoas que vivem no mundo adulto do trabalho, com responsabilidades econômicas e familiares, com princípios éticos e morais formados a partir da experiência, do ambiente, da realidade cultural em que estão inseridos.

Podemos dizer que o aluno adulto apresenta uma visão de mundo mais relacionada ao *ver*. Sua visão de mundo está assentada naquilo que Merleau-Ponty chamou de *fé perceptiva*, ou seja, em uma adesão espontânea e imediata às coisas que vê, em uma crença implícita ao mundo percebido.

Na fé perceptiva, possuímos esse sentimento de estarmos instalados num mundo todo familiar em que confiamos como existente, porque possuímos secretamente essa crença espontânea e muda que sustenta nosso contato com o mundo (Merleau-Ponty, 2000, p. 17).

O fato de esses jovens e adultos terem assumido muito cedo responsabilidades profissionais ou domésticas influencia decisivamente sua visão de mundo. O fazer constitui a marca maior de suas vidas, e seus saberes foram construídos nesse fazer. Sua visão de mundo, resultante dessa realidade, não raro se polariza e leva-os a classificar as coisas de forma dicotômica, entre o bem e o mal, o certo e o errado, o bonito e o feio. Diante de uma pintura, por exemplo, muitos buscam na imagem uma fidelidade fotográfica, relacionando o tema diretamente a conceitos de beleza e realismo. A imagem é bela porque o tema é belo. Gostam de ver representadas as coisas que julgam bonitas e agradáveis: flores, crianças, paisagens naturais, cavalos (Alvares, 2002).

No entanto, a fé perceptiva, como toda fé, afirma Merleau-Ponty (2000, p. 103), "é fé porque é possibilidade de dúvida e esse infatigável percurso das coisas, que é nossa vida, também é uma interrogação contínua (...) é o olhar que interroga as coisas". Ao escolher o caminho da escola, a interrogação passa a habitar o *ver* de um aluno adulto, instigando-o a *olhar*. Aberto à aprendizagem, ele vai para a sala de aula com um "olhar despido"; é um olhar receptivo, sensível, estético, mas é também um olhar ativo, ávido: olhar que brilha, curioso, olhar que explora, vibrante, olhar que investiga, olhar que pensa.

Anderson, um jovem aluno de 18 anos, é quem bem descreve a densidade desse olhar de estudante de EJA:

> Quando leio, saio desse mundo e parto para um outro cheio de alegrias e sentimentos benevolentes. Quando escrevo, passo para a folha de papel — com um objeto que pouco antes de escrever, nós, homens, derrubamos as árvores e transformamos em utilitário — os meus sentimentos de plenitude com os outros, as alegrias e, em muitos momentos, ou na maioria deles, as tristezas que tanto me ensinam a viver. Aprendi nesses poucos anos que a leitura e a escrita, os diferentes

textos, os estudos fazem parte da minha vida e que não posso parar de estudar mais. Quando estudo, aprendo coisas, entendo a estrutura do aprender, me preparo para os meus projetos familiares, procuro motivos para estudar. Não sou nenhum estudioso, só curioso, porque procuro respostas. Na verdade, me considero um estudante.[5]

Cognição e afetividade na idade adulta

Durante muito tempo, a Psicologia esteve centrada nos processos de desenvolvimento de crianças e adolescentes. A Psicologia Evolutiva tradicional compreendia que o desenvolvimento terminava com o fim da adolescência. E, mais, que essa etapa representava a meta do desenvolvimento humano. Entendia-se que, na idade adulta, as pessoas se estabilizavam e na velhice se deterioravam (Palácios, 1995).

Estudos recentes indicam que o desenvolvimento psicológico é um processo que dura toda a vida e que a idade adulta é prenhe de transformações. Os adultos possuem mais experiência que os adolescentes e podem ter acumulado uma maior quantidade de conhecimentos. Talvez sejam menos rápidos, mas podem oferecer uma visão mais generalizada, sopesar melhor os prós e os contras, ser criativos. Não é a idade cronológica em si o que determina o nível de competência cognitiva de um ser humano. Há uma série de fatores de naturezas diversas que influenciam as probabilidades de êxito das pessoas mais velhas ao enfrentar as várias demandas

---

5. Os depoimentos de alunos apresentados neste capítulo foram retirados de redações cujo tema foi *Memórias da escola*, proposto pela professora Leda Maria Lucas, na disciplina de Língua Portuguesa, no Ensino Fundamental 2 do Curso Supletivo Santa Cruz.

de natureza cognitiva. Entre esses fatores podem-se destacar, como muito importantes, o nível de saúde, o nível educativo e cultural, a experiência profissional e o tônus vital da pessoa — sua motivação, seu bem-estar psicológico (idem, p. 311).

Outro aspecto relevante é que os adultos possuem uma vida afetiva mais sofisticada que as crianças e, segundo Vygotsky, desenvolvem emoções superiores. As emoções humanas evoluem sofrendo transições de um estado primitivo para um estado superior, refinam-se à medida que se afastam da origem biológica. Em relação à criança, o indivíduo adulto possui um maior controle dos impulsos emocionais, relacionado à autorregulação do comportamento (Van Der Veer e Valsiner, 1996).

A afetividade humana é construída culturalmente. As práticas sociais humanas são modeladas pelas emoções e determinadas a partir de sistemas de valores, que diferem de cultura para cultura. Alguns valores, que se evidenciam em uma cultura, em outra podem nem aparecer. Nas sociedades monogâmicas, por exemplo, as emoções relacionadas ao ciúme ou à traição certamente são diferentes daquelas das sociedades poligâmicas (Oliveira e Rego, 2003).

Wallon assinala que o controle sobre as próprias manifestações emocionais possibilita ao sujeito o fortalecimento do pensamento e da linguagem, sempre balizado pelos parâmetros culturais e revelado pela sua singularidade, pelas maneiras que ele vivencia e expressa suas emoções. A interação social submete a vida emocional dos sujeitos a processos de autorregulação, que se aperfeiçoam ao longo do desenvolvimento. Dessa forma, as emoções se organizam e se evidenciam como fenômeno histórico e cultural (Galvão, 2003).

Cognição e afetividade coexistem como esferas indissociáveis no indivíduo. Assim, podemos inferir que a ação educativa com um aluno adulto que, por definição, tem uma vida emocional mais sofisticada de alguma maneira pode valer-se desse atributo para equilibrar as conquistas realizadas no plano cognitivo. Se a escola investir na construção de um corpo de saberes que faça sentido ao adulto, que corresponda à sua maturidade, que subsidie mais diretamente suas práticas sociais, estará contribuindo não somente para fornecer informações e procedimentos da cultura letrada, mas também para consolidar sua inserção social, cultural e política na sociedade. Afinal, os jovens e adultos não voltam à escola para recuperar um tempo perdido e distante, mas para satisfazer necessidades atuais.

Conhecimentos prévios

Os conhecimentos prévios de um aluno adulto remetem a inúmeras espécies de saber, a uma travessia longa de percepções e indagações adquiridas ao longo de sua história de vida. A diversidade cultural brasileira espraia uma multiplicidade de saberes com características regionais, muitos deles ligados à arte ou ao artesanato, conhecimentos oriundos de usos e costumes dos diversos grupos sociais que se espalham pelo país. Este estudo pinça três modalidades de saber que se evidenciam sobremaneira nos alunos adultos. São eles: o saber sensível, o saber do trabalho e o saber cotidiano. Promover a interface e valorizar esses conhecimentos prévios, dentro das salas de aula da EJA, é uma maneira de subsidiar favoravelmente a construção do saber escolar.

O saber sensível diz respeito a um saber humano primordial, àquele saber do corpo, originado na relação com o mundo, fundado na percepção das coisas e do outro, caracterizado pela Filosofia como um saber pré-reflexivo. A concepção filosófica de Merleau-Ponty encaminha-se para a ontologia do sensível, tomando o sensível como região pré-reflexiva, de onde emergem as categorias reflexivas. O território da pré-reflexão nos reporta à ideia de um mundo desde sempre já dado. O filósofo instala e reúne, no mundo sensível da pré-reflexão, a dimensão da estética e a dimensão da cultura:

> A relação corpo-mundo é estesiológica: há a carne do corpo e a do mundo; há em cada um deles uma interioridade que se propaga para o outro numa reversibilidade permanente. Corpo e mundo são um "campo de presença" onde emergem todas as relações da vida perceptiva e do mundo sensível. Há um *logos do mundo estético* que torna possível a intersubjetividade como intercorporeidade, e que, através da manifestação corporal da linguagem, permite o surgimento do *logos do mundo cultural*, isto é, do mundo humano da cultura e da história (Chaui, 1984, p. 12; grifos meus).

Dirigir-se à *aisthèsis*, ou à *estesia*, é "voltar às coisas mesmas" — uma expressão cunhada por Husserl —, ou seja, voltar-se para o desenvolvimento e refinamento de nossos sentidos. Compreendemos que qualquer processo educativo deva ter suas bases nesse saber sensível: nesse "corpo a corpo" primeiro mantido com o mundo que nos rodeia, inelutável, primitivo, fundador de todos os demais conhecimentos, por mais abstratos que estes sejam; um saber direto, corporal, anterior às representações simbólicas que permitem os nossos processos de raciocínio e reflexão. "E será para essa sabedoria primordial que deveremos voltar a atenção se quisermos refletir acerca das bases sobre as quais repousam todo e qualquer processo educacional, por mais especializado que ele se mostre" (Duarte Júnior, 2001, p. 12).

Os alunos jovens e adultos, por sua experiência de vida, são portadores em potencial desse saber sensível, e muitos deles apresentam atitudes de maravilhamento com o conhecimento escolar, ou seja, posturas de recepção sensível extremamente favoráveis à aprendizagem e que, ao serem valorizadas pelos professores, deixam abrir as portas de entrada para exercitar um pensamento mais formal: o raciocínio lógico, a análise, a abstração e, assim, construir um outro tipo de saber: o conhecimento científico. Olhar, escutar, tocar, cheirar e degustar são as aberturas para nosso mundo interior.

A segunda espécie de conhecimento, do qual o estudante de EJA é portador, é o saber do trabalho. A esmagadora maioria dos jovens e adultos que estudam à noite são trabalhadores e, principalmente, começaram a trabalhar muito cedo. As mulheres, por exemplo, desde crianças, já tomavam conta de irmãos menores e da casa; desenvolveram, portanto, conhecimentos básicos sobre educação, saúde, nutrição e higiene. Muitos dos homens, provenientes de áreas rurais do país, possuem conhecimentos ligados ao cultivo da terra, à criação de animais, aos ciclos da natureza: clima, estações do ano, períodos de chuva e de seca etc. Outras profissões bastante encontradas entre os homens, principalmente nos que frequentam escolas dos centros urbanos, são aquelas ligadas à área da construção civil: pedreiros, eletricistas ou pintores. Essas ocupações desenvolvem no sujeito habilidades relacionadas à visão espacial e estética; a medidas de comprimento, volume e peso; a noções de desenho e planta baixa; a propriedades dos materiais; à mistura e combinação de cores; ao domínio de diversas ferramentas, como régua, pincel, colher de pedreiro, plaina, martelo, serrote, trena etc.

O saber do trabalho se constrói no contexto do lavor, é um saber do fazer, da fatura. Os conhecimentos advindos do trabalho são frutos da ação humana sobre instrumentos, que atuam como objetos sociais que medeiam a relação entre o indivíduo e o mundo. Vale relembrar que o trabalho exerce um papel crucial para a espécie humana, pois é justamente a atividade do trabalho que assinala a evolução do macaco para o homem, representando o processo básico que vai diferenciar a humanidade dos animais. É justamente o trabalho que designa o domínio da natureza pelo homem (Vygotsky, 1996).

Na esfera psicológica, o trabalho também aparece como uma marca da evolução humana, pois exige do indivíduo controle sobre o próprio comportamento. O trabalho, pela ação transformadora do homem sobre a natureza, une homem e natureza, cria a cultura e a história humanas. No trabalho, desenvolvem-se, por um lado, a atividade coletiva e, portanto, as relações sociais e, por outro lado, a criação e utilização de instrumentos (Oliveira, 2001).

A terceira espécie de saber do aluno adulto é o saber cotidiano. Pela sua própria natureza, esse tipo de conhecimento assinala um saber encarnado, pois é um saber da vida vivida, saber amadurecido, fruto da experiência, nascido de valores e costumes consolidados fora da escola. O saber cotidiano possui uma concretude, origina-se da elaboração de soluções que foram criadas para os inúmeros desafios da vida vivida, caracteriza-se como um saber aprendido e construído em modos de pensar originados do dia a dia.

O saber cotidiano não se configura necessariamente em um saber individual e utilitário, desenvolvido para atender a uma demanda imediata do sujeito. Ao contrário, pode ser um saber tradicional, que transpassa gerações, o que lhe imprime o atributo de conhecimento social e histórico, porque integra o processo de acumulação de saberes da humanidade.

Esse corpo de conhecimentos, fundado no cotidiano, é uma espécie de saber das ruas, um saber empírico, frequentemente assentado no "senso comum". É também um conhecimento elaborado, mas não sistematizado e pouco valorizado no mundo urbano da leitura e da escrita, porque se contrapõe ao conhecimento letrado com que a escola lida e, associado ao fator econômico, reforça a desigualdade social, conferindo uma marca distintiva às classes pobres.

O conhecimento cotidiano não representa apenas um trampolim para o atingimento de conhecimentos mais válidos. O conhecimento cotidiano é em si mesmo um conhecimento válido. Sua legitimidade não ocorre apenas pela identificação das atividades do dia a dia mas, fundamentalmente, pela compreensão da historicidade de saberes que articulam os diferentes momentos da prática social.

Os conhecimentos prévios de um adulto, portanto, estão diretamente relacionados às suas práticas sociais. A aprendizagem escolar, ao promover um conhecimento legitimado pela sociedade, só se torna significativa para esse aluno se fizer uso de e sancionar seus próprios saberes, se produzir saberes novos que façam sentido também na vida fora da escola, se efetivamente promover a sua formação cidadã e sua inserção no mundo letrado.

A marca da heterogeneidade

A heterogeneidade dos alunos é a marca maior de um curso de educação de adultos. Por se tratar de um grupo culturalmente diversificado, com diferentes idades, profissões e anseios, os estudantes adultos apresentam distintos e variados modos de estruturar e organizar seu pensamento.

Nos centros urbanos, as escolas de EJA reúnem pessoas das mais diferentes origens, migrantes de várias regiões do Brasil. Em uma mesma classe convivem brancos, mulatos, negros, indígenas, diversificadas combinações fisionômicas, homens e mulheres com belezas peculiares, não só nas aparências, mas também nos costumes, nos modos de ser, nas preferências culinárias ou musicais; enfim, nas salas de aula noturnas, avizinham-se gente da periferia com gente do sertão, compondo belos quadros da pluralidade cultural do nosso país.

A heterogeneidade traz consigo a singularidade de cada pessoa. A cada experiência vivida corresponde um indivíduo absolutamente único; a cada resolução de problemas da vida familiar ou do trabalho corresponde um saber idiossincrático, um ritmo, uma maneira de ver e de se relacionar com o mundo inteiramente pessoal.

A inserção cultural do indivíduo gera seu psiquismo, ou seja, o desenvolvimento psicológico depende diretamente da interação do sujeito com a cultura, no convívio e introjeção de valores, signos e significados construídos e compartilhados pelo seu grupo cultural, fatores que contribuem para afirmar sua identidade e, consequentemente, sua singularidade.

Os adultos maduros e os jovens adultos

Podemos dividir os alunos em dois grandes blocos: os adultos maduros e os jovens adultos. Cada agrupamento, apesar de ser totalmente heterogêneo em seu interior, apresenta características próprias que o diferenciam do outro.

O primeiro é constituído de pessoas mais experientes, em média acima dos 30 anos. A maioria já tem filhos, muitos têm netos. Os adultos maduros transitam pelo mercado de trabalho há um tempo considerável e, apesar da crise moderna do desemprego, muitos deles desempenham profissões consolidadas. A busca por elevar a escolaridade abriga um dos principais anseios que esses alunos revelam, tanto os mais jovens quanto os mais experientes: aumentar suas qualificações para o mercado de trabalho.

Os adultos maduros, em geral, encontram-se afastados da sala de aula há mais tempo do que os jovens. Muitos trazem consigo uma imagem da instituição escolar construída e referenciada em sua passagem anterior por ela, ou mesmo pelo contato que estabelecem com as escolas de seus filhos. Geralmente, essas representações correspondem a um modelo tradicional de escola, ou seja, um lugar onde predominam aulas expositivas, com pontos copiados da lousa, onde o professor é o único detentor do saber e transmite conteúdos que são recebidos passivamente pelo estudante. Às vezes, os alunos mais velhos se mostram resistentes a uma concepção educativa que os coloca como protagonistas do processo pedagógico, que espera deles práticas ativas de aprendizagem.

Edi, mulher de mais ou menos 60 anos, relata por que teve de parar de estudar na 4ª série do antigo curso primário e como se sente agora, ao voltar tardiamente à escola:

> Infelizmente, a minha família era pobre, portanto, eu não tive o privilégio de continuar estudando. Tinha que ajudar a minha mãe, cuidando do meu irmãozinho, o Walquir.
>
> Quanta tristeza eu sentia, pois tive que sair daquela escola com meu diploma de 4ª série, deixando para trás aquele mundo mágico de letras e números que eu gostava tanto. Eu chorava muitas vezes, porque queria muito voltar a estudar. Mas meu sonho parou ali...

> Os anos se passaram, veio o casamento, vieram os filhos, e o tempo passou.
>
> Hoje, depois de muitos e muitos anos, eu volto a sentar-me num banco escolar e estou me sentindo uma adolescente em meio a esses jovens que, como eu, aqui buscam sabedoria, através dos professores, que com tanta paciência nos instruem.
>
> Ao escrever este texto, lágrimas me vieram aos olhos, pois recordei com carinho o meu passado distante.

Os alunos maduros, assim como Edi, demonstram um interesse profundo pelo conhecimento escolar e reservam um afeto reverencial ao professor. Nas aulas, geralmente, reina um clima de solidariedade e apreço pelas situações de aprendizagem, refletindo os esforços que fazem para se manterem aprumados em horários tão avançados.

Por sua vez, os jovens adultos já passaram da adolescência e têm idade acima dos 16 anos. A grande maioria deles trabalha e muitos já constituíram família. Com um ritmo de aprendizagem geralmente mais rápido do que o aluno maduro, o jovem revela também maior traquejo com os procedimentos escolares. Muitos sofreram exclusão recente da escola regular. Ao retornarem aos estudos, a maioria revela uma baixa autoestima, e alguns apresentam atitudes de indisciplina. Suas representações da escola são fruto dessas passagens pelos cursos diurnos, muitas vezes traduzidas por lembranças de prédios depredados ou de salas de aula lotadas e ruidosas. É lamentável constatar que há alunos que se surpreendem ao encontrar o mínimo que se espera de uma escola: um prédio limpo, um projeto pedagógico estruturado, professores que não costumam faltar.

Robson, 18 anos, hoje apresenta uma postura escolar bem mais comprometida do que a que descreve a seguir, em sua breve passagem pelo Ensino Fundamental da escola regular:

Eu não gostava muito de Português e Matemática, porque achava que eram muitos detalhes e não dava para decorar tudo. Tinha alguns professores que eu não me dava muito bem (...). Sempre fui bagunceiro, dava muito trabalho para os professores e, com essas bagunças, eu não fazia as lições e, quando chegava ao final do ano era reprovado. Isso foi da primeira até a quinta série. Então, resolvi parar de estudar e comecei a trabalhar. Passado algum tempo trabalhando, tentei voltar para a escola, mas não adiantou porque mais faltava do que ia para a escola, assim também ficava reprovado, mas "por faltas".

Atualmente, os jovens, e mesmo os adolescentes, constituem presença marcante nos cursos de EJA. Expulsos do sistema regular, eles migram para a Educação de Jovens e Adultos, formando grupos sociais que valorizam sobremaneira o convívio no espaço escolar, tornando a sociabilidade uma questão central em sua escolarização. Muitas vezes privados de outros espaços de sociabilização, esses jovens esperam encontrar na escola não só um lugar para encontros entre os seus pares, mas também um território para práticas e manifestações culturais, das quais as diversas juventudes brasileiras são representantes.

Tanto para o jovem quanto para o mais experiente, uma forte razão para a procura pela escola — além daquela relativa a obter uma melhor inserção no mercado de trabalho — é a busca por reconhecimento social. Para o adulto, o letramento constitui-se em um valor, e dominar o conhecimento veiculado pela escola torna-se uma forma de sentir-se incluído socialmente.

Segundo a Proposta Curricular para Jovens e Adultos, elaborada pelo MEC (Ministério da Educação e Cultura, 2002),

> o que está em questão é a ampliação das possibilidades de participação social de um grupo de cidadãos cuja cidadania

encontra-se comprometida. O trabalhador adulto, não sendo uma criança, não volta para a escola para "retomar uma trajetória escolar interrompida", mas para reconstruir uma trajetória escolar em busca de conhecimentos significativos nessa sua etapa da vida, em condições diferentes das existentes no momento em que ele interrompeu seus estudos (p. 95).

A presença de jovens, adultos e idosos numa mesma sala de aula conforma um cenário fértil para as situações de ensino e aprendizagem. A diversidade de gerações, de experiências de vida, de valores, de tradições culturais, de maneiras de falar e de visões de mundo são aspectos que se somam e podem gerar estratégias fecundas se forem trabalhados positivamente e se as diferenças não forem transformadas em desigualdades pelo professor de EJA.

A marca do fracasso escolar

Outra característica recorrente no aluno adulto é uma baixa autoestima, geralmente advinda de situações de fracasso escolar. A passagem eventual pela escola regular foi muitas vezes marcada pela exclusão ou pelo insucesso escolar. Com um desempenho pedagógico anterior comprometido, esse estudante volta aos bancos escolares revelando uma autoimagem fragilizada, expressando sentimentos de insegurança e até de desvalorização pessoal diante de novos desafios que se impõem.

Luciane, de mais ou menos 30 anos, abandonou os estudos ainda criança, depois de sucessivas reprovações. Ela lembra como se sentia em uma sala de aula da 4ª série, quando tinha 10 anos:

Eu tinha medo de ir à escola, me dava um frio na barriga. Tentava prestar atenção na aula, mas entendia tudo pela metade. Tentei participar das aulas, algumas vezes, mas minhas perguntas sempre causavam risos e a professora nunca falava nada. *Tinha vergonha de não saber!* (grifos da aluna)

A dimensão da identidade se revela por meio do aprender, pois o sentido do aprendizado nasce na história do sujeito, a partir de suas referências, de suas expectativas, de suas relações com os outros, da imagem que tem de si e da que quer que os outros tenham dele. A autoimagem é construída no âmbito das relações com o saber escolar:

> Toda a relação com o saber é também relação consigo próprio: através do "aprender", qualquer que seja a figura sob a qual se apresente, sempre está em jogo a construção de si mesmo e seu eco reflexivo, a imagem de si. (...) Sabe-se que o sucesso escolar produz um potente efeito de segurança e de reforço narcísico, enquanto que o fracasso causa grandes estragos na relação consigo mesmo (Charlot, 2000, p. 72).

As representações que o sujeito faz da escola e de seu desempenho na cultura escolar são construídas não somente dentro da própria escola, mas também no âmbito da família e das relações sociais, por meio de expectativas próprias e de expectativas de outros — pais, colegas, amigos, professores — que nele são depositadas. Toda relação com o saber é indissociavelmente singular e social, toda relação com o saber é também relação consigo, relação com o outro e relação com o mundo. "O sentido e o valor do que é aprendido está diretamente ligado ao sentido e ao valor que o sujeito atribui a ele mesmo enquanto aprende (ou fracassa em sua tentativa de aprender)" (Charlot, 2001, p. 26).

O fracasso escolar engendra uma espécie de teia, na qual o aluno se enreda e de onde custa a sair. Na maioria dos casos, a teia torna-se tão emaranhada que não oferece saída e o desfecho dessa situação, tão comum na realidade brasileira, é o abandono da escola. Mais tarde, quando retornam à escola, esses jovens e adultos ficam extremamente suscetíveis a enredarem-se novamente, a vivenciarem outro fracasso escolar.

Se ativarmos nossas próprias lembranças da escola, tanto as boas quanto as más, veremos que o que permanece em relevo, na memória, são menos os conteúdos do que os professores. A figura do professor volta como aquele que marcou uma predileção por determinada área do conhecimento, como alguém que nos influenciou em nossas escolhas profissionais, mesmo como alguém com quem nada aprendemos, ou até como aquele sujeito com quem não gostaríamos de nos encontrar na rua. Isso ajuda a compreender a intensidade com que o professor se sobrepõe a todos os outros elementos na cultura escolar, pois ele exerce um papel determinante, de responsabilidade, tanto pelo sucesso quanto pelo fracasso escolar de qualquer um de seus alunos.

Em uma pesquisa realizada por Teresa Rego, sobre os efeitos da escolarização na constituição dos sujeitos a partir de recordações da escola, evidenciou-se que os professores marcam profundamente as lembranças dos alunos. A autora destaca a expressiva influência que o professor exerce sobre o aprendiz, capaz até mesmo de facilitar ou obstruir e, consequentemente, deixar marcas profundas no desempenho escolar de cada aluno (Rego, 2003).

Para Luciane, foi uma professora quem contribuiu decisivamente para o seu abandono da escola:

Foi nesse tempo assim tumultuado e confuso que conheci a professora Dona Pedrina, da qual eu nunca me esqueci e — acho — nunca me esquecerei. Quando um aluno escrevia alguma coisa errada, por exemplo, ela falava bem alto para todos na classe ouvirem. E, como costuma ser, todas as crianças começavam a rir do erro cometido por alguém. Ela adorava pôr de castigo o aluno que não fazia a lição de casa e colocava-o de pé na frente da classe. Gostava, também, de dar uma de toda-poderosa, dizendo com voz firme:

"— Luciane, vou comprar uma cartilha para você aprender a escrever. Eu vou conversar com sua mãe para pôr você no primário de novo!!!"

Com toda essa experiência, o meu comportamento, hoje vejo, só piorava. Pois eu fingia não estar nem aí, demonstrando isso com palavras e atitudes. Achava que daquela forma as pessoas não mais ririam de mim.

Ao cursar a EJA, Luciane reverteu radicalmente esse quadro de fracasso escolar. Considerada por todos os professores como uma boa aluna, participava criticamente nas aulas, era sociável, relacionava-se bem com os colegas e professores, mostrou-se extremamente comprometida e interessada nas atividades da escola. Em trabalhos de grupo, atuava ativamente, exercendo liderança. Pode-se afirmar que, na EJA, ela viveu uma experiência de sucesso escolar.

Entretanto, muitas vezes, o comportamento de indiferença que Luciane e muitos outros adotam, quando crianças, ao passarem por situações de fracasso escolar, perdura até sua volta à escola, derivando também para atitudes de indisciplina e agressividade. Nas salas de aula de EJA, essas marcas se evidenciam, de um lado, por atitudes de extrema timidez e, por outro, por atitudes de irreverência e transgressão. Esses alunos e alunas demonstram vergonha em perguntar ou em responder perguntas, além de nervosismo exacerbado nas situações de avaliação, ou então se mostram agitados, indisciplinados e bagunceiros. Muitos não conseguem nem olhar nos olhos do professor.

Desse modo, as situações de fracasso escolar produzem estigmas que afetam profundamente a identidade e a autoimagem do sujeito, deixando marcas indeléveis em seu psiquismo. A atuação do professor de EJA é determinante para evitar situações de novo fracasso escolar. Reiteramos que um caminho seguro para diminuir esses sentimentos de insegurança é valorizar os saberes que os alunos trazem para a sala de aula. O reconhecimento da existência de uma sabedoria no sujeito, proveniente de sua experiência de vida, de sua bagagem cultural e de suas habilidades profissionais certamente contribui para que ele resgate uma autoimagem positiva, fortalecendo sua autoconfiança. O bom acolhimento e a valorização do aluno, pelo professor de jovens e adultos, possibilitam a abertura de um canal de aprendizagem com maiores garantias de êxito, porque parte dos conhecimentos prévios dos educandos para promover conhecimentos novos e porque alimenta o encontro dos saberes da vida vivida com os saberes escolares.

Letramento

Atualmente, o termo letramento tem sido amplamente utilizado no âmbito da Educação de Jovens e Adultos. Estudos relevantes vêm sendo realizados por diversos autores, e entre eles destacam-se Soares (1998), Kleiman (1995) e Oliveira (1995).

O pensamento letrado é associado a práticas culturais predominantes em sociedades urbanas, escolarizadas, industrializadas, burocratizadas e caracterizadas por desenvolvimento científico e tecnológico. Em um estudo sobre organização conceitual e escolarização, Oliveira (1999, p. 84) indica que esse modo de pensamento caracteriza-se pela possibilidade de o sujeito de distanciar-se de sua experiência individual imediata e pela metacognição. Os processos metacognitivos de pensamento estão relacionados ao domínio consciente, pelo indivíduo, de seus próprios processos cognitivos, em uma ação do pensamento sobre o próprio pensamento. A ação metacognitiva permite uma organização do conteúdo das teorias para torná-las mais consistentes e mais úteis à predição de eventos e ao controle da realidade.

Letramento é uma versão do termo inglês *literacy*, o qual tradicionalmente era traduzido por alfabetização. O que é essencial ressaltar é que, diferentemente de alfabetização, que remeteria a um processo mais individualizado do domínio do sistema de escrita, o letramento aponta para práticas sociais de uso da escrita, em situações comunicativas culturalmente determinadas.

O letramento é um processo contínuo e não linear. Seus efeitos não são simplesmente mensuráveis, pois

> ele engloba múltiplas práticas, múltiplas funções, múltiplos objetivos, condicionadas por e dependentes de múltiplas situações e múltiplos contextos, em que são múltiplas e variadas as habilidades, conhecimentos, atitudes de leitura e de escrita demandadas, não havendo gradação nem progressão que permita fixar um critério objetivo para que se determine que ponto, no contínuo, separa letrados de iletrados (Soares, 2001, p. 95).

O fato de o letramento ser um processo permanente e jamais chegar a um produto final aponta para uma nova postura da escola de jovens e adultos, não mais centrada na aprendizagem da escrita enquanto tecnologia, enquanto processo de aquisição de códigos, enquanto produto completo em si mesmo. O letramento exige que a escola invista numa formação mais abrangente do educando, promovendo situações de aprendizagem que o exponham a vários tipos de eventos em que a escrita constitui parte essencial, que produzam sentidos nos usos da leitura e da escrita, não somente dentro da sala de aula, mas também em circunstâncias da vida social e profissional.

Pode-se considerar o letramento como a base pedagógica da educação continuada porque ele responde diretamente à necessidade humana de desenvolvimento contínuo, independentemente de idade ou nível social. Para realizar nosso potencial humano aprendemos para viver e vivemos para aprender. Na contemporaneidade, "a necessidade da aprendizagem ao longo da vida se amplia em virtude também da elevação da expectativa de vida das populações e da velocidade das mudanças culturais que aprofundam as distâncias entre as gerações, as quais a educação de jovens e adultos pode ajudar a reduzir" (Di Pierro, 2005, p. 1119).

Para Suzana, empregada doméstica, que recomeçou os estudos aos 30 anos, na 3ª série do Ensino Fundamental, e hoje cursa o Ensino Médio da EJA, a perspectiva de continuar os estudos é perene:

> Tenho certeza que agora posso sair daqui e continuar meus estudos e, inclusive, realizar o sonho de cursar a minha sonhada faculdade; falta só mais um pouquinho... Tenho um enorme orgulho de todas estas etapas e espero passar por todas as outras que ainda tenho pela frente.

O letramento remete para um objetivo fundamental deste trabalho, que é o de contribuir para elucidar questões mais amplas sobre como o ensino de alunos adultos pode oferecer maiores oportunidades de inserção social e cultural a essas pessoas, habilitando-as a fazer usos mais qualificados dos objetos e discursos da cultura escrita, a aumentar sua participação nos benefícios do avanço tecnológico e econômico.

O papel da escola na educação do adulto

> *Quem forma se forma e re-forma ao formar e quem é formado forma-se e forma ao ser formado.*
>
> Paulo Freire

A escola pode oferecer uma preciosa contribuição para o desenvolvimento de uma pessoa adulta. O papel da escola é fundamental, nas sociedades letradas, para promover a transformação dos indivíduos ao longo dos seus processos de desenvolvimento psicológico. A abordagem histórico-cultural, proposta por Vigotsky, estabelece que o desenvolvimento psicológico de um sujeito provém fundamentalmente de seu aprendizado e que a escola representa uma das principais agências da promoção desse desenvolvimento (Oliveira, 1997).

A indissociabilidade entre aprendizagem e desenvolvimento, postulada pela teoria histórico-cultural, aponta que o aprendizado ocorre mediado pelos outros membros do grupo cultural em que o sujeito está inserido, seu solo são as interações sociais. Desse modo, a escola representa uma instituição de destaque na sociedade letrada: é o cenário cultural onde ocorre intensa interação de sujeitos com artefatos culturais específicos. Portanto, o desenvolvimento humano é balizado por metas culturalmente definidas e a escola, nas sociedades letradas, é uma instituição voltada para atender especificamente a essa intencionalidade cultural.

O professor exerce um papel crucial nesse processo para desencadear e movimentar os mecanismos de aprendizado do aluno, pois ele realiza uma intervenção deliberada, uma mediação do modo letrado que também possui uma intencionalidade, pois caminha em uma direção determinada pelas exigências educativas da sociedade.

Definitivamente, é preciso considerar como questão central na educação de adultos que esses sujeitos não pensam, não agem, nem muito menos aprendem pelos mesmos mecanismos das crianças, o que implica reconhecer que esses estudantes, em função do já vivido, possuem modelos de mundo mais densamente constituídos. Ao adotarmos metodologias próprias para o ensino de adultos, estaremos contribuindo mais efetivamente para que possam afirmar sua identidade e desenvolver seu espírito crítico, ampliando sua convivência com a produção e a circulação de conhecimento, preparando-os para interagir com as mais variadas formas de pensamento.

Ao assumirmos a excelência do papel da escola na promoção do desenvolvimento humano, no mundo letrado, temos também de admitir que a educação que ela veicula deva corresponder às necessidades e interesses de seu público. Desse modo, reiteramos que, para educar o olhar de um trabalhador, é fundamental adotar abordagens próprias para esse público, procedimentos que facilitem seus processos de aprendizagem, seus meios de compreensão, de ação e de interação com o mundo.

A expressão do mundo

Quando expressa-se por meio da arte, o aluno jovem ou adulto revela um processo de criação bastante sofisticado. Podemos verificar isto nos desenhos a seguir, realizados nas aulas de Artes Plásticas do professor Marcelo Papaterra Limongi (Pato), entre 2002 e 2010, por alunos de diferentes séries do curso de Educação de Jovens e Adultos do Colégio Santa Cruz, em São Paulo, capital.

Em cada um destes trabalhos podemos reconhecer a personalidade de seu autor, seu modo pessoal de expressar o mundo. Alguns apresentam uma criação mais elaborada, com um senso estético mais apurado, mais livre, mesmo não tendo plena consciência disso.

Todas estas produções artísticas refletem esmero e dedicação, postura típica dos alunos da EJA. Constituem produtos da sala de aula, onde o papel do professor foi determinante para o seu bom resultado estético, respeitando as opções pessoais dos sujeitos e proporcionando um espaço de acolhimento e valorização de percursos criativos próprios.

As obras a seguir são ricas em detalhes, em cores vibrantes, impregnadas de simplicidade e de autenticidade. Quando as reunimos em conjunto, nos revelam um estilo artístico peculiar, pujante, carregado de brasilidade. É como se o país inteiro estivesse dentro delas.

Pedro N. da Silva

Silvaneide Messias de Aragão (Branca)

Soldado da alegria – Marli Oliveira Santos

Desenho com lápis de cor sobre cartolina (42 x 29,7 cm)

Brinquedo – Irani de Jesus Silva

Desenho com lápis de cor sobre cartolina (26 x 35,4 cm)

Maria Conga Ribeiro

Maria Conga Ribeiro

PARA SABER MAIS

Como legitimar os saberes dos jovens e adultos

Em nossa sociedade, ainda vigora a concepção de que a geração de conhecimentos é obra de especialistas; dificilmente se admite que pessoas não letradas possam produzir conhecimentos. A escola reforça essa estratificação: os professores atuam como os detentores dos conhecimentos científicos, validados pela sociedade, enquanto os conhecimentos empíricos do aluno são geralmente desprestigiados, não são reconhecidos como válidos.

Para completar, os sistemas educativos impõem currículos circunscritos a conteúdos alijados das práticas sociais dos sujeitos, em processos de ensino e aprendizagem autoritários e discriminatórios que infligem aos alunos o abandono de concepções tradicionais, desrespeitando a sabedoria e o patrimônio das culturas populares e orais.

Na construção da nossa própria modernidade, em todo o planeta, convivemos com uma progressiva acentuação das desigualdades sociais. Os danos culturais desse espólio podem ser irreversíveis, pois nessa esteira esvaem-se muitos conhecimentos tradicionais e práticas sociais milenares, saberes que raramente são resgatados ou veiculados pela escola.

Promover a interface e legitimar conhecimentos prévios dos estudantes adultos, por meio do diálogo igualitário, é uma maneira de subsidiar favoravelmente a construção do saber escolar. A qualidade da intervenção do professor faz-se crucial nesse processo para desencadear e movimentar os mecanismos de aprendizado do aluno.

O educador precisa assumir que os conhecimentos prévios dos alunos, construídos no contexto da experiência, não representam apenas um trampolim para o atingimento de conhecimentos letrados. Esses conhecimentos são em si mesmos conhecimentos válidos. Sua legitimidade não ocorre apenas por meio da identificação das atividades do dia a dia mas, fundamentalmente, pela compreensão da sua historicidade, pelo entendimento de como esses saberes balizam e articulam as práticas sociais dos sujeitos.

Os enfrentamentos culturais e a diversidade são aspectos constituintes da Educação de Jovens e Adultos que, muitas vezes, são tratados como problemas porque não toleram ações pedagógicas homogeneizadoras.

No sentido contrário, trabalhar na EJA pode consistir em exercício constante de criatividade pedagógica, pois a educação intergeracional e intercultural que essa modalidade demanda requer do educador flexibilidade e despojamento para acolher e explorar as múltiplas realidades em que estão inseridos os jovens, os adultos e os idosos.

A legitimação de conhecimentos populares tradicionais é fundamental para que a Educação de Jovens e Adultos não contribua para reforçar as desigualdades sociais, nem continue imprimindo uma marca distintiva às culturas populares.

Procedimentos didáticos que podem auxiliar a legitimar os saberes dos jovens e adultos

Legitimar saberes não letrados requer uma postura dialógica e, sobretudo, "módica" do professor de EJA. Perguntar-se: "o que aprendi hoje com os alunos?" deveria ser prática corrente. Para Paulo Freire, o diálogo não consiste em técnica pedagógica, mas sim em opção filosófica, em conceber que quando ensinamos, sempre aprendemos; ou, em outras palavras, não é possível ensinar sem estar a aprender.

Um desafio para o professor é conhecer os saberes e habilidades que seus alunos desenvolveram em função de seus trabalhos e criar estratégias para que algumas dessas habilidades e conhecimentos possam ser resgatados, explicitados e participem da construção de novas aprendizagens, direta ou indiretamente. Por exemplo, se Manuel é um pintor de paredes, certamente ele desenvolveu habilidades relacionadas a mistura de cores, proporções, volume, propriedades de materiais, visão espacial, domínio do tempo cronológico, decoração, visão estética etc.

Outra ação educativa fundamental é dimensionar tempos e espaços escolares para que o aluno adulto atue como protagonista. Esses conhecimentos dos alunos precisam ser socializados entre eles. Promover oficinas em que uns ensinem aos outros (inclusive os professores) os ofícios que dominam é uma estratégia para a valorização desses saberes.

Do mesmo modo, é importante promover eventos em que as diversas culturas que habitam a escola encontrem espaço para se expressarem. Atividades artísticas como peças de teatro, *shows* musicais, exposições de trabalhos, feiras culturais constituem atividades em que os alunos adultos podem compartilhar seus saberes e expressar suas concepções de mundo, eventos em que participem efetivamente como autores.

Indicações de leitura

ARROYO, Miguel. Formar educadoras e educadores de jovens e adultos. In: SOARES, Leôncio. *Formação de educadores de jovens e adultos*. Belo Horizonte: Autêntica/SECAD-MEC/UNESCO, 2006. p. 17-32.

_____. Balanço da EJA: o que mudou na vida nos modos de vida dos jovens e adultos populares? *REVEJ@: Revista de Educação de Jovens e Adultos*. Disponível em: <http://www.reveja.com.br/revista/0/artigos/REVEJ@_0_MiguelArroyo.htm>.

_____. Educandos e educadores: seus direitos e o currículo. In: BEAUCHAMP, Jeanete; PAGEL, Sandra D.; NASCIMENTO, Aricélia R. (Org.) *Indagações sobre o currículo*. Brasília: Ministério da Educação, Secretaria de Educação Básica, 2008.

BRANDÃO, Carlos R. *Cultura, culturas, culturas populares e a educação*. TVE Brasil, Programa Salto para o futuro: Cultura Popular e Educação, out. 2007.

FREIRE, Paulo. *Pedagogia do oprimido*. Rio de Janeiro: Paz e Terra, 1970.

_____. *Pedagogia da esperança*. São Paulo: Paz e Terra, 1992.

_____. *Pedagogia da autonomia*: saberes necessários à prática educativa. São Paulo: Paz e Terra, 2001.

_____. *Pedagogia da tolerância*. São Paulo: Unesp, 2004.

_____. *À sombra desta mangueira*. São Paulo: Olho D'água, 2006.

FROCHTENGARTEN, Fernando. *Caminhando sobre fronteiras*: um estudo sobre a escolarização de adultos migrantes. 2008. Tese de doutorado em Psicologia Social. Instituto de Psicologia, Universidade de São Paulo, São Paulo.

OLIVEIRA, Marta Kohl de. Jovens e adultos como sujeitos de conhecimento e aprendizagem. In: REUNIÃO ANUAL DA ANPED, 22. *Anais...* Caxambu: Anped, 1999.

PAIVA, Jane. Concepção curricular para o ensino médio na modalidade de jovens e adultos. Experiências como fundamento. In: FRIGOTTO, Gaudêncio; CIAVATTA, Maria (Org.). *Ensino Médio*: ciência, cultura e trabalho. Brasília: MEC, 2004. p. 207-235.

Indicações de filmes

- *Narradores de Javé.* Direção: Eliana Caffé. Brasil, 2003.

    O filme apresenta situações de protagonismo vividas por populações pobres no Brasil. O enredo se baseia na tentativa dos moradores da pequena cidade de Javé de registrarem no papel as histórias de valor que aconteceram no lugar, pois esse está prestes a desaparecer do mapa: será inundado para virar uma represa hidrelétrica.

- *Central do Brasil.* Direção: Walter Salles. Brasil, 1998.

    O filme é estrelado por Fernanda Montenegro, que interpreta Dora, uma mulher letrada que escreve cartas para analfabetos na Central do Brasil. Nos relatos que ela ouve e transcreve, surge um Brasil desconhecido e fascinante, um verdadeiro panorama da população migrante, que tenta manter os laços com os parentes e o passado.

Capítulo 3
O OLHAR

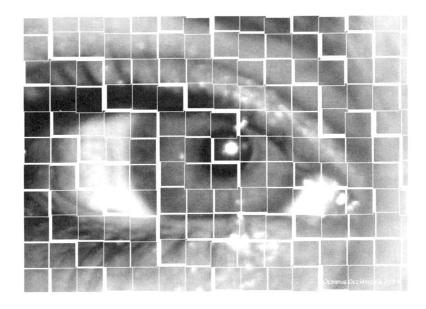

Eu ia muito à ópera, no Teatro da Ópera de Lisboa. Ia lá para o "galinheiro", para a parte de cima do teatro, onde via o camarote real que começava embaixo, se estendia até lá em cima e fechava com uma coroa, uma coroa dourada enorme. Coroa esta, que vista do lado da plateia, do lado dos camarotes, era magnífica. Mas do lado em que nós estávamos não era, porque a coroa só estava feita em três quartas partes. E dentro era oca, e tinha teias de aranha, e tinha pó. Isso foi uma lição que eu nunca esqueci: para conhecer bem as coisas, há que dar-lhes a volta. Dar-lhes a volta toda.

José Saramago

Nossa certeza mais primordial é seguramente a de ver o mundo. De todos os nossos sentidos, a visão é comumente o primeiro a ser chamado à ordem, é o sentido que mais intimidade tem com o conhecimento, com a descoberta do mundo.

Mas o que é *ver*? Os gregos entrelaçavam os significados de ver e conhecer por meio do verbo *eidô* — ver, observar, fazer ver, instruir, instruir-se, informar, informar-se, conhecer, saber. *Eidos*, forma ou figura, é termo afim a *idea*. Aquele que diz *eidô* (eu vejo) vê e sabe o *eidós*: a forma das coisas exteriores e interiores, forma própria de uma coisa (o que ela é em si mesma, sua essência), a *ideia*. Quem vê o *eidós* conhece e sabe a ideia, tem conhecimento — *eidotés* — e por isso é sábio vidente — *eidulis* (Marilena Chaui, 1988). Portanto, na raiz da palavra *ver* encontram-se os significados de educação, conhecimento e sabedoria.

O homem contemporâneo habita uma paisagem onde tudo é produzido para ser visto. Em nossos horizontes a profusão da imagem é cada vez maior. Isso se pode constatar, principalmente, pelo uso crescente de veículos de comunicação de massa como a televisão, a internet, os cartazes publicitários, a fotocópia, o cinema, o vídeo. As novas tecnologias trouxeram consigo uma maior democratização da imagem, o surgimento de uma infinidade de novos símbolos imagéticos, possibilitando às pessoas o acesso a uma multiplicidade de informações visuais. Tornamo-nos seres eminentemente visivos.

No entanto, grande parte das imagens que vemos diariamente, expostas de forma caótica e intermitente, não comunica verdadeiramente algum conteúdo que produza sentido em nós. A mensagem que delas se depreende é quase sempre a de nos vender algo. E toda a sua configuração e conteúdo se justificam em função do consumo. São imagens, em sua maioria, estéreis para os olhos, pois, além de excessivas, são frívolas. A banalização e a poluição da paisagem produzem saturação no espaço visível. O excesso de estímulos nos torna incapazes de prestar atenção em algo, e nossa relação com o entorno anestesia-se, passa a carecer de sentidos.

Nas grandes cidades, estamos em um contínuo e intenso movimento. O homem, hoje, é em primeiro lugar um passageiro metropolitano que vive em permanente oscilação, cada vez para mais longe, cada vez mais rápido. No dinamismo pungente da velocidade dos automóveis, nossa visão se achata e pousa sobre a paisagem de modo superficial, tornando rarefeita a subjetividade inerente ao ato de olhar. A cidade, por sua vez, perde a espessura e oferece-se aos olhos como um cenário. A arquitetura pós-moderna transforma os prédios em murais, em fachadas com painéis luminosos e ofuscantes, tudo feito para quem passa rapidamente. Na vertigem das imagens, a cidade vira cinema (Peixoto, 1988).

Antigamente as cidades eram construídas para serem vistas de perto, por alguém que andava a pé e podia observar os detalhes das coisas. Um prédio feito para ser observado por quem passa devagar pode ser ornamentado. A arquitetura clássica convidava o olhar do vidente a retardar o passo para observar detidamente. Seu olho percorria, no tempo e no espaço, um visível espesso, e penetrava no horizonte da proximidade, transpondo os limites das aparências. Hoje, nossa visão fica retida na superfície das coisas, pois elas são apenas cenário. Por trás das fachadas e dos muros não há consistência para ser penetrada pelo olhar; o prédio é somente um galpão, igual a todos os outros. Fica cada vez mais difícil distinguir o que é real e o que não é, pois as imagens passaram a constituir elas próprias a realidade. Saramago revela uma percepção bem sensível da questão:

> O que eu acho é que nós nunca vivemos tanto na caverna de Platão, como hoje. Hoje é que estamos a viver, de fato, na caverna de Platão. Porque as próprias imagens que nos mostram a realidade estão expostas de uma maneira que substituem a realidade. Nós estamos num mundo que chamamos mundo audiovisual. Estamos, efetivamente, a repetir a situação das pessoas aprisionadas ou atadas à caverna de Platão: olhando em frente, vendo sombras e acreditando que essas sombras são a realidade. Foi preciso passarem todos esses séculos para que a caverna de Platão aparecesse, finalmente, num momento da história da humanidade, que é hoje. E vai ser cada vez mais (*Janela da Alma*, 2001).

O ato de ver, primordialmente ligado ao ato de conhecer, tornou-se em nossos dias um verdadeiro empreendimento. É como se não houvesse mais mistérios a serem descortinados pela visão. Para ver, no agora, é preciso aprender a olhar, ou seja, é preciso selecionar: retirar da cena o que ecoa e produz sentidos em nós. Garimpar significados em meio ao excesso de informações que abarrotam nosso horizonte é extrair do visível o invisível, para então descobrir o que as aparências ocultam.

Olhar e ver

> *Ao contrário do que em geral se crê, sentido e significado nunca foram a mesma coisa. O significado fica-se logo por aí, é directo, literal, explícito, fechado em si mesmo, unívoco, por assim dizer, ao passo que o sentido não é capaz de permanecer quieto, fervilha de sentidos segundos, terceiros e quartos, de*

> *direções irradiantes que vão se dividindo e subdividindo em ramos e ramilhos, até se perderem de vista, o sentido de cada palavra parece-se com uma estrela quando se põe a projectar marés vivas pelo espaço fora, ventos cósmicos, perturbações magnéticas, aflições.*
>
> José Saramago

A distinção entre olhar e ver emerge de uma prerrogativa na percepção de mundo do homem contemporâneo, surge da necessidade vital de enxergar o que há por trás das aparências, enfim, de saber dar sentido à nossa existência.

Sérgio Cardoso (1988, p. 348), em seu artigo "O olhar viajante", afirma que não é a mesma coisa, na nossa fala corrente, dizer que vimos algo ou alguém ou que o olhamos:

> O ver, em geral, conota no vidente uma certa discrição e passividade ou, ao menos, alguma reserva. Nele um olho dócil, quase desatento, parece deslizar sobre as coisas; e as espelha e registra, reflete e grava. Diríamos mesmo que aí o olho se turva e se embaça, concentrando sua vida na película lustrosa da superfície, para fazer-se espelho... Como se renunciasse a sua própria espessura e profundidade para reduzir-se a esta membrana sensível em que o mundo imprime seus relevos. Com o olhar é diferente. Ele remete, de imediato, à atividade e às virtudes do sujeito, e atesta a cada passo nesta ação a espessura da sua interioridade. Ele perscruta e investiga, indaga a partir e para além do visto, e parece originar-se sempre da necessidade de "ver de novo" (ou ver o novo), como intento de "olhar bem". Por isso é sempre direcionado e atento, tenso e alerta no seu impulso inquiridor (...).

O ver assenta-se na visão ingênua, na adesão imediata ao mundo percebido. O ver habita a fé perceptiva, em que temos uma crença ou uma adesão espontânea ao mundo porque aceitamos o mundo real como mundo percebido, sem qualquer questionamento (Merleau-Ponty, 2000). Já o olhar questiona e pressupõe uma intencionalidade, olhar é um ato potencialmente doador de sentido.

Cardoso distingue bem a passividade do sujeito que vê, submetendo sua percepção à soberania do mundo, do poder que a intencionalidade confere ao sujeito que olha:

> Assim, de seu lado, o ver conota ingenuidade no vidente, evoca espontaneidade, desprevenção, sugerindo contração ou rarefação da subjetividade... como para atestar as imposições do mundo, realçar o poder das coisas, sua jurisdição sobre o conhecimento. De outro lado, no olhar — que deixa sempre aflorar uma certa intenção — as marcas do artifício sublinham a atuação e poderes do sujeito. Logo, portanto, reservamos — é o que fazemos habitualmente — um para a visão involuntária, e outro para ver deliberado — premeditado ou intencional —, deixando derrapar a perspectiva da gradação e romper-se o fio da sua continuidade (idem, p. 347).

A configuração do mundo visível também é distinta para quem vê e para quem olha. É como se houvesse duas versões — irreconciliáveis — da realidade:

> A visão — a simples visão —, ainda que modestamente ciente de seus limites e alcance circunscrito, supõe um mundo pleno, inteiro e maciço, e crê no seu acabamento e totalidade. Toma-o como conjunto dos corpos ou coisas extensas que preenchem o espaço, e apoia nas qualidades deste a certeza da sua continuidade. (...) O olhar não descansa sobre a paisagem contínua de um espaço inteiramente articulado, mas se enreda nos interstícios de extensões descontínuas, desconcertadas pelo estranhamento. Aqui o olho defronta constantemente limites, lacunas, divisões e alteridade, conforma-se

a um espaço aberto, fragmentado e lacerado. Assim, trinca e se rompe a superfície lisa e luminosa antes oferecida à visão, dando lugar a um lusco-fusco de zonas claras e escuras, que se apresentam e se esquivam à totalização (idem, ibidem).

Na concepção fenomenológica de Merleau-Ponty, o olhar envolve, apalpa, esposa as coisas visíveis, e o visível não apenas mostra, mas também oculta. O visível enreda em si o vidente, por apresentar-se como abertura e passagem. Entre vidente e visível estabelece-se uma relação de harmonia e reversibilidade. Nesse contexto, podemos compreender o olhar como resultado da conjunção de um espectador e de algo visível, em uma espécie de engate entre sujeito e objeto (Merleau-Ponty, 2000).

Assim, o entrelaçamento entre sujeito e mundo se dá por contato, justaposição e envolvimento, guardando, pois, cada polo sua autonomia e suficiência, sua intransigente identidade. No olhar, a conjunção entre vidente e visível se faz por participação, incrustação recíproca, por aderência e confusão:

> No ver a integridade e suficiência do mundo, bem como sua sólida e rija consistência, rejeitam o vidente para o domínio de uma total exterioridade em relação a si, fazem o visível dublar-se de um outro absolutamente separado (...). No universo do olhar, no entanto, deparamos outra forma de articulação. Nele, vidente e visível misturam-se e confundem-se em cada modulação do mundo, em cada nó da sua tecelagem, mostram-se imbricados em cada ponto de sua indecisa extensão. E se a realidade os entrelaça, é porque o mundo visível não se dá mais como um conjunto de "coisas", rígidas e íntegras, positivas, mas como o contorno de um campo em que o sentido ora se adensa e se aglutina, ora difunde e dilui numa existência rarefeita, sempre vazado de lacunas e indeterminação (Cardoso, 1988, p. 349).

Há, portanto, uma demarcação clara entre ver e olhar e a passagem do primeiro para o segundo requer que o vidente dê um salto, irrompendo do espaço das significações preestabelecidas em direção ao universo da constituição de sentido. O olhar se conforma como experiência estética porque pertence a um território onde o sensível tem um sentido imanente, um sentido que lhe é inerente, ou seja, um sentido que não lhe é atribuído do exterior. O olhar situa-se no campo fenomenal, situa-se entre o domínio do sujeito e o do objeto, em uma região intermediária entre o subjetivo e o objetivo. O olhar congrega sujeito e objeto, funde subjetividade e objetividade.

O olhar fenomenológico

> *As coisas não são diante de nós simples objetos neutros, que contemplaríamos; cada uma delas simboliza para nós uma certa conduta, lembrá-las provoca em nós reações favoráveis ou desfavoráveis; é por isso que os gostos de um homem, o seu caráter, a atitude que tomou a respeito do mundo e do ser exterior, se leem nos objetos com que escolheu rodear-se, nas cores que prefere, nos lugares de passeio que escolhe.*
>
> Merleau-Ponty

A palavra *fenomenologia* reúne dois radicais gregos: *phaíno*, que significa brilhar, fazer-se visível, mostrar-se, aparecer, e *logos*, que significa discurso, o que é dito, argumento, pensamento. Podemos, então, definir fenomenologia como o discurso daquilo que se mostra por si mesmo. Etimologicamente, *fenomenologia* é o estudo ou a ciência do fenômeno, daquilo que se mostra por si mesmo, que trata diretamente do fenômeno, interrogando-o, descrevendo-o e procurando captar sua essência (Martins, 1992).

Na história da filosofia, o termo fenomenologia, inicialmente cunhado por Edmund Husserl, no final do século XIX, surgiu em busca da superação da dicotomia entre sujeito e objeto, entre homem e mundo, imposta pelo racionalismo e pelo empirismo. Esse momento histórico configura uma ruptura entre o mundo da ciência, cada vez mais fechado sobre si mesmo, e o mundo da vida, que busca uma explicação não meramente empirista, nem meramente racionalista. Enquanto o racionalismo superestima o valor da razão no processo de conhecimento, o empirismo enfatiza a importância da experiência por meio dos sentidos e, portanto, do objeto conhecido. No centro dessa cisão, emerge a reflexão fenomenológica como tentativa de conciliação: à fenomenologia cabe a função de reintegrar o mundo da ciência ao mundo da vida (Bueno, 2003, p. 23). Merleau-Ponty, Heidegger, Sartre, Paul Ricoeur, entre outros, assumiram a fenomenologia como referencial e trouxeram, por vias diferentes, contribuições originais para a expansão do pensar fenomenológico.

Na concepção cartesiana, o sujeito é espectador absoluto; distanciado do objeto, o sujeito cartesiano estabelece com ele uma relação de exterioridade. Para Descartes, o corpo físico do homem é algo que não difere da natureza em geral; é, portanto, um objeto físico entre os demais objetos físicos. Merleau-Ponty refuta com veemência essa ideia e aponta que é o pensamento objetivo que aloca o corpo como objeto. Corpo e mundo são um "campo de presença", o corpo é o sujeito da percepção. Merleau-Ponty rejeita o sujeito cartesiano por ele representar o ponto de vista sobre todos os outros pontos de vista, um sujeito universal que profere verdades fora do tempo. O filósofo caracteriza o pensamento ocidental como "pensamento de sobrevoo", pois reduz inteiramente o real à dicotomia sujeito-objeto; é um pensamento que procura dominar e controlar totalmente a si mesmo e a realidade exterior.

Husserl (1907) propõe a "volta às coisas mesmas", tal como elas se mostram aos nossos olhos e à nossa consciência. O olhar fenomenológico é, pois, um olhar que busca captar o cerne, o coração das coisas. É um olhar intencional, que distingue e revela o que há de essencial na percepção do fenômeno, descrevendo a experiência tal como ela se processa. Olhar direcionado às coisas humanas, orientado para uma leitura dialética da realidade, ele suspende valores, julgamentos, conceitos e ideias preconcebidas para poder apreender as coisas enquanto conteúdos da nossa experiência. O olhar fenomenológico é, portanto, um olhar do conhecimento, é um ato pelo qual o homem experiencia o mundo em sua inesgotabilidade.

O conhecimento, para a fenomenologia, só tem sentido se estiver relacionado à experiência. O saber humano é motivado e dinamizado por uma certeza implícita da existência de mais sentidos, posto que o sentido pleno jamais será encontrado. Para Merleau-Ponty (1999) o sentido de uma coisa habita essa coisa, o sentido não é uma ideia que organiza e ordena os aspectos sensíveis. Apreender o sentido da coisa não é um ato do espírito, mas um ato do corpo. A coisa se mostra, revela seu ser pela própria organização de seus aspectos sensíveis. Por meio da fenomenologia, o sensível recebe um estatuto diferenciado daquele postulado pelo empirismo clássico e pelo racionalismo. O sensível passa a ser compreendido enquanto território instituidor da experiência humana.

O sensível

Descartes (apud Chaui, 1988, p. 54) assinalou que o sensível é subjetivo porque se aloca dentro do psiquismo humano. Para esse pensador, o sensível não é qualidade das coisas. O sensível é apenas *sensação*, já que vive interiorizado no sujeito psicológico. "A sensação do vermelho em nós não corresponde, definitivamente, a nenhuma qualidade do vermelho." Esta concepção racionalista determina que o sensível esteja radicalmente separado do inteligível. O sensível, para um cartesiano, não tem sentido e as qualidades sensíveis são consideradas secundárias. Sob esse ponto de vista, a percepção é totalmente subordinada ao entendimento, ao conceito que se faz das coisas.

Merleau-Ponty (1999, p. 25), ao contestar o pensamento cartesiano, afirma que o sensível não é subjetivo e confere outro estatuto ao sensível, quando o resgata da esfera da sensação: "O vermelho e o verde não são sensações, são sensíveis, e a qualidade não é um elemento da consciência, é uma propriedade do objeto". A ideia de sensível enquanto sensação torna-o efêmero e pontual. As coisas são sensíveis; densas, enlaçam cor, volume, espessura, textura, sabor, som, toque. O sensível habita sujeito e mundo. O sensível tem um sentido que lhe é imanente, ou seja, reporta e relaciona-se a outra coisa além dele mesmo. Nossa experiência efetiva não nos apresenta nada sensível que seja absoluto como, por exemplo, uma qualidade pura do vermelho. Nossa percepção versa sobre relações, e não sobre qualidades puras. O objeto é um organismo de odores, sons e cores que se simbolizam umas às outras. O vermelho deixa de ser apenas aquela cor quente, experimentada, mas anuncia alguma outra coisa sem a conter, e o vermelho passa a significar algo, a representar algo, exercendo, assim, uma função de conhecimento.

Nas palavras de Marilena Chaui (1988, p. 58):

> Uma cor não é coisa, não é átomo colorido nem comprimento de onda luminosa, mas concreção de visibilidade, pura diferença e diferenciação entre cores. Quando o vermelho é tecido

vermelho, pontua o campo dos vermelhos: a roupa dos cardeais, a bandeira da revolução, um fóssil de mundos perdidos, o cafezal antes da colheita, vestígio da ação policial deixado pelas ruas. Cada vermelho é um mundo e há o mundo do vermelho entre as cores. É modulação do sensível, cristalização momentânea do colorido.

Para Merleau-Ponty (1999), a função essencial da percepção é a de fundar ou inaugurar o conhecimento, assentado no caráter intrínseco do objeto percebido. Nossas percepções, as mais simples, já versam sobre relações, não sobre termos absolutos. O sensível cumpre uma função de conhecimento. O território do olhar é, portanto, entre as coisas, e não de fora delas. O olhar fenomenológico reúne entendimento com sensibilidade, unifica sensível e inteligível.

O olhar do outro

> (...) Assim que os olhares se prendem, já não somos totalmente dois e há dificuldade em ficar só. Esta troca, a palavra é boa, realiza em muito pouco tempo uma transposição, uma metátese; um quiasma de dois destinos, de dois pontos de vista. Ocorre assim uma espécie de recíproca limitação simultânea. Tu tomas a minha imagem, minha aparência, eu tomo a tua. Não és eu, uma vez que me vês e eu não me vejo. O que me falta é esse eu que tu vês. E a ti, o que te falta é o tu que eu vejo. E, por mais que avancemos no conhecimento um do outro, quanto mais refletirmos, mais seremos outros...
>
> Merleau-Ponty

O pensamento ocidental contemporâneo, inaugurado pela metafísica idealista de Descartes, sobrevoa o mundo, outorga ao sujeito cognoscente o poder de se apropriar da realidade exterior a ele, transformando o mundo em representação, em ideia ou conceito do mundo. A noção de sujeito universal converte o sujeito no ponto de vista sobre todos os outros pontos de vista, em um sujeito que profere verdades fora do tempo e que reduz o outro a objeto: "Como então eu posso, eu que percebo, e que, por isso mesmo, me afirmo como sujeito universal, perceber um outro que no mesmo instante me subtrai esta universalidade?" (Merleau-Ponty, 1999, p. 482).

O sujeito da percepção fenomenológica é o corpo. A coexistência e a interação entre sujeitos entram em cena na medida em que, ao abrir-me ao olhar do outro, a minha percepção desvela os aspectos coextensivos ao meu corpo, ao corpo do outro e ao mundo vivido. Todo outro é um outro eu mesmo, afirma o filósofo. Só apreendo o outro por meio de uma analogia comigo mesmo. Percebemos uma outra sensibilidade e é a partir disso que percebemos um outro pensamento. Nesse sentido, na experiência do mundo a experiência do corpo consigo mesmo é atravessada pela experiência do outro corpo, instauradas em uma relação de intercorporeidade:

> Se eu e um amigo estamos diante de uma paisagem e se tento mostrar a meu amigo algo que vejo e que ele ainda não vê, não podemos dar conta da situação dizendo que eu vejo algo em meu mundo próprio e que tento por mensagens verbais suscitar no mundo de meu amigo uma percepção análoga; não há dois mundos numericamente distintos e uma mediação da linguagem que nos reuniria. Há, e sinto muito bem isso se me impaciento, uma espécie de exigência de que o que é visto por mim seja visto por ele. Mas, ao mesmo tempo essa comunicação é pedida pela própria coisa que eu vejo, pelos

reflexos do sol nela, por sua cor, por sua evidência sensível. A coisa se impõe não como verdadeira para toda inteligência, mas real para todo sujeito que partilha minha situação (Merleau-Ponty, 1990, p. 50).

Vejo uma paisagem que também é vista por outro. Pela intercorporeidade, essa visão deixa de ser minha e dá lugar a uma paisagem que é nossa. Reconheço no mar que ele vê o mar que vejo e vice-versa, porque meu mar passa em seu corpo e o mar dele no meu.

> Eu e outrem comungamos sobre um mesmo panorama que vemos por dois pontos de vista diferentes. Vejo que ele vê. Reconheço que meu mundo sensível é também o dele, pois assisto à sua visão. Meu verde passa nele e o seu em mim (...). No entanto, a visão dele não é igual à minha, elas se interpenetram, mas são verdadeiramente distintas. Na percepção do corpo do outro, na constatação de um outro comportamento, de uma outra presença no mundo, a distância entre as subjetividades é transposta. A intersubjetividade, ou seja, a transitividade de um corpo a outro ocorre no mundo cultural. É a ordem da cultura que torna possível o encontro das individualidades humanas (idem, p. 276).

A intersubjetividade é um tema caro a Bruner (1998). A constatação de que não apenas representamos o mundo em nós, mas de que respondemos com sensibilidade ao modo como esse mundo é representado pelos outros indivíduos, levou-o a concluir que é no solo do sensível que nossas representações se comunicam com as representações dos outros. A intersubjetividade faz com que as pessoas ajustem seus comportamentos levando em conta a percepção do outro. A marca do desenvolvimento dos seres humanos aculturados está na intersubjetividade, pois ela origina redes de expectativa mútuas, que crescem continuamente e regulam a interação social.

Para Bakthin (1927), o ser humano é um ser impossível de se conceber fora de suas relações com o outro. O outro é aquele que completa, que traz, ao que quer se ver, a percepção de si ou a imagem de sua totalidade. Viver, para o filósofo, significa participar de um diálogo, interrogar, escutar, responder. O "eu" se completa no "outro".

Na espécie humana, as representações da realidade se articulam em sistemas simbólicos, pois as culturas produzem signos compartilhados pelos seus membros. São os sistemas simbólicos — e a linguagem é o sistema simbólico básico de todos os grupos humanos — que permitem aos indivíduos se comunicaram entre si e interagirem socialmente. Vigotsky (1998) refere-se a uma construção cultural da significação, fundamentado na ideia de que o psiquismo humano funciona com base nos sentidos e significados construídos historicamente e compartilhados culturalmente.

É a própria inserção cultural do sujeito que gera seu psiquismo, ou seja, o desenvolvimento humano ocorre na interação com a cultura, no convívio e introjeção de valores, signos e significados construídos e compartilhados pelos grupos culturais, que, por sua vez, contribuem para afirmar a identidade de cada um. Dessa maneira, o desenvolvimento do homem é sempre mediado por outro homem — membro da mesma cultura. Ao diferenciar-se do outro é que a singularidade do indivíduo se constitui.

Bruner compartilha com Vigotsky a ideia de que a cultura constitui decisivamente o psiquismo, pois é na interação entre homem e cultura que se produzem os significados da experiência. O processo de criação de significados é considerado pela psicologia como o fenômeno que rege e organiza o conhecimento de mundo que o sujeito vai construindo ao longo da vida; é onde ocorrem as trocas entre os sujeitos.

O olhar como experiência estética

> *Olhar é, ao mesmo tempo, sair de si e trazer o mundo para dentro de si.*
>
> Marilena Chaui

Portanto, o olhar nasce do encontro do sujeito com o mundo e pressupõe uma interação entre vidente e visível. Há uma distinção entre ver e olhar e, para olhar as coisas, não empregamos somente os olhos, mas usamos todo o nosso corpo: ouvidos, mãos, pés, nariz e boca. No ato da percepção os sentidos se comunicam no interior do corpo humano, articulados em um sistema sinestésico. O olhar, então, vê, toca, cheira e saboreia. Por sua vez, em um movimento de reciprocidade, o mundo se oferece ao olhar, englobando o sujeito. Em outras palavras, "a visão é espelho ou concentração do universo (...). A mesma coisa está lá no coração do mundo e cá no coração da visão. (...) As coisas e o meu corpo são feitos do mesmo estofo. A sua visão se faz de alguma maneira nelas, ou ainda, que a manifesta visibilidade delas se reforce nele por meio de uma visibilidade secreta" (Merleau-Ponty, 2002, p. 35).

Podemos dizer que, quando olhamos o mundo dessa maneira sensível e coesa, quando atingimos a essência e a unidade das coisas por meio da percepção, vivemos uma experiência estética. Na qualidade de espectadores, abrimo-nos receptivamente ao visível, condição primeira para que ocorra esse tipo de experiência.

O paradigma da experiência estética foi exposto por Kant, ao descrever os sentimentos do homem diante de um céu estrelado. A experiência estética nasce do encontro do indivíduo com o infinito do universo, e ele como parte desse universo. É nesse momento de encantamento que ocorre o encontro de dois grandes sentimentos humanos: o de ser infinitamente pequeno, contido na imensidão do infinito, mas também o de ser infinitamente grande, contendo em si todo o universo.

Como já sabemos, a palavra *estética* tem suas raízes no termo grego *aisthèsis*, que se origina de *aisthanesthai*: compreensão pelos sentidos. A visão de mundo grega aliava o sensível ao conhecimento em uma mesma raiz semântica. Uma das significações gregas para *aisthèsis* é a de *conduzir o mundo para dentro*, como inspiração, como encantamento pela reação sensível à forma que esse mundo toma pela emoção à imagem do mundo — *eidolon*.

Evidentemente nos distanciamos da Estética enquanto disciplina fundada na poética do "belo", limitada tão somente às questões da arte. Nossa aproximação mais direta é com a *estesia,* termo que também se origina de *aisthèsis.* Os significados de estesia estão igualmente relacionados à percepção do mundo exterior, por meio dos sentidos. Segundo Ana Cláudia Oliveira (1995, p. 231), a estesia é "a faculdade que possibilita a experiência do prazer (ou do seu contrário), assim como de todas as 'paixões' — aquelas da 'alma' e também aquelas físicas do corpo, da 'sensualidade'". A estesia diz mais da nossa relação sensível com as coisas do mundo. A fenomenologia funda uma estética que se expressa como experiência vivida.

Na experiência estética, a conjunção entre sujeito e mundo efetiva-se a partir do que há de mais primordial no sujeito: sua estrutura sensorial. Os cinco sentidos, que habitam o corpo humano, se aliam para a fruição estética. Essa interação ocorre no plano da pré-objetividade, segundo Husserl (1907), em uma região onde não há dicotomia entre o sensível e o inteligível, não há cisão entre físico e psíquico, entre corpo e alma. A experiência estética é, portanto, uma experiência intersensorial, uma experiência do mundo vivido, do mundo indeterminado, do mundo fenomenal.

Em uma experiência estética, não podemos separar o sujeito do evento, pois o evento não existe em si: ele se constitui somente a partir das expressões que temos dele. A partir da manifestação estética é que nossos sentidos aparecem como instrumentos intercambiáveis entre si. A unidade do nosso corpo vem à tona no encontro com o evento. Nesse momento, ocorre uma transmutação de valores entre sujeito e evento estético: a unidade do evento também se manifesta no encontro com o sujeito, e o evento passa a adquirir um novo valor que lhe outorga o papel ativo de algo que se mostra e quer ser percebido pelo outro.

As obras de arte são as manifestações que mais solicitam a fruição do espectador. Para Pareyson (1989), uma pintura encerrada em uma sala escura não tem existência artística, pois o olhar do espectador é que lhe confere vida. Aqui, reafirmamos o pressuposto fenomenológico de que as coisas são sensíveis, de que o sensível habita sujeito e mundo. O objeto artístico é sensível, reflete o mundo, e sua fruição por alguém é que faz com que desperte de sua própria vida e a viva: é o espectador quem a faz falar, quem ratifica a sua existência.

No artigo "Arte e Existência", João Augusto Pompeia elucida com propriedade a magnitude que pode atingir uma experiência estética:

A sensação de me tornar um pouco maior, no contato com as artes plásticas, deu-se de forma muito curiosa. Já citei aqui a "Pietá" de Michelangelo. Houve uma vez, há bastante tempo, em que estive frente a essa escultura. Até então aquilo era para mim uma coisa interessante, bonita, plástica, sensual, mas eu nunca havia entendido por que tanta badalação em torno das estátuas. Na ocasião em que a vi, houve um momento em que uma emoção muito forte se apoderou de mim. (...) Os detalhes das unhas, os tendões, o jogo muscular da face da Nossa Senhora e do Cristo morto, tudo era absolutamente perfeito e proporcional. Mas havia uma coisa escandalosa, um "erro" descarado: a desproporção entre o tamanho da Nossa Senhora e o tamanho do Cristo morto. Era uma coisa incrivelmente fora de proporção. O meu primeiro choque foi pensar: "Mas que coisa distorcida!" E ao mesmo tempo intrigava-me o fato de não ter percebido isso de imediato, pois quando se percebe uma distorção, ela fica tão enorme que não se entende como não foi percebida antes. E esta desproporção — que com certeza não era casual — fez aparecer, para mim, a fala daquela estátua em particular. O que estava ali representado na pedra, não eram duas figuras, um homem morto no colo de uma mulher. O que Michelangelo conseguiu trazer à tona, do interior de um bloco de mármore, era a relação da mãe com o filho morto — que, antes de tudo, é filho. Aquilo que está no colo da mulher é o filho dela morto. E filho *nunca* é grande. É sempre pequeno. Sempre caberá no colo, mesmo que para isso o artista tenha de perverter a proporção das formas, numa época em que o cuidado com essa dimensão era uma coisa extremamente significativa. (...) A obra de arte está ali para contar a história de uma das grandes paixões humanas. Fala do vínculo, da vida, da morte, do ganho, da perda, da dor, da dedicação e de tantas coisas mais.

A fala daquela estátua foi se estendendo tanto que estava cada vez mais difícil controlar a emoção. (...) Ali, pela primeira vez, eu tinha vontade de render homenagens ao escultor, pela oportunidade que ele me deu de descobrir que as pedras falam. E podem falar coisas incríveis, pois falam das experiências humanas tal como os homens as vivem... (Pompeia, 2004, p. 26-28).

Podemos, então, perguntar: afinal, quais são as condições necessárias para que tenhamos uma experiência estética? Para responder a essa questão, elencamos cinco qualidades que caracterizam uma experiência estética:

- A experiência estética é receptiva. Ocorre a partir de uma recepção sensível, de uma comunicação do sujeito com o ambiente por meio dos sentidos.
- A experiência estética é uma experiência vivida pelo corpo todo. O corpo, ao mesmo tempo em que é um sensível — possui forma, cor, textura —, ele é o que sente. Sentiente e sensível, o corpo é o sujeito da experiência estética.
- Toda experiência estética provém da conjunção entre um sujeito e um espetáculo. A experiência estética adquire sentido na dimensão vivida, é um diálogo direto entre espectador e evento.
- A experiência estética ocorre no território da pré-objetividade, que, segundo Husserl, é o território do mundo vivido, se localiza aquém do mundo objetivo, aquém do domínio conceitual. A experiência estética ocorre em todo o nosso corpo, porque apreendemos seus sentidos anteriormente a qualquer juízo que possamos vir a articular.
- A experiência estética não tem finalidade — não tem função prática, não serve para nada. É justamente aí

que reside a sua grandiosidade: ela é vivida somente pela harmonia que irradia.

Com relação ao último aspecto, podemos dizer que, cada vez mais, é comum as pessoas orientarem seus interesses para propósitos práticos, utilitários. A concepção cartesiana de mundo nos impregnou a visão a ponto de subordinar nossa percepção quase que exclusivamente ao entendimento, ao conceito das coisas. Nosso olhar se dirige menos à essência e mais ao signo da existência dos fenômenos. No entanto, durante uma experiência estética, nossa percepção é desinteressada, não é orientada por interesses práticos. A percepção ordinária procura uma verdade sobre o objeto e a procura em torno do objeto, nas relações que o unem aos outros objetos. Já a percepção estética procura a verdade do objeto, assim como ela é dada, imediatamente no sensível (Dufrenne, 1972).

O pensamento científico também é estético. Segundo Bronowski (1998, p. 48), "toda teoria científica projeta imaginativamente nossa experiência em campos que ainda não pudemos experimentar". Tudo o que é criado, tanto na arte como na ciência, é uma extensão da nossa experiência para novos campos, afetando-nos profundamente porque se refere à condição humana e sempre formula uma visão de mundo.

Apesar de as obras de arte serem as manifestações que mais solicitam a fruição, podem-se experimentar esteticamente eventos de outra espécie, sejam eles originados da natureza ou construídos pelo trabalho do homem. O encontro com uma manifestação estética, seja uma obra de arte, uma teoria científica, um livro, um conteúdo escolar ou uma paisagem natural, produz uma espécie singular de emoção. Experimentamos prazer (ou o seu contrário) na fruição de um objeto estético. Na experiência estética, a qualidade da emoção que nela se produz é peculiar: ocorre uma satisfação do corpo, um desfrute dos sentidos, um tipo de emoção que chamamos de emoção estética.

A emoção estética produz alegria, provoca em nós formas de imaginação e formas de sentimento, inseparavelmente. A emoção estética clarifica e organiza a própria intuição. É por isso que a emoção estética tem a força de uma revelação e inspira um sentimento de profunda satisfação intelectual, embora não suscite qualquer trabalho intelectual consciente (Langer, 1980).

O prazer do conhecimento é uma emoção estética. A emoção estética leva a um maravilhamento do mundo, essencial à aprendizagem e à interação social na sala de aula. A emoção estética contagia, propaga-se de forma epidérmica nas pessoas, estabelecendo uma relação imediata entre elas. A propagação epidérmica das emoções, ao provocar um estado de comunhão e de uníssono, dilui as fronteiras entre os indivíduos, podendo levar a esforços e intenções em torno de um objetivo comum. Wallon afirma que a emoção estética pode exercer um papel unificador e gerar sentimentos de comunhão e pertencimento cultural em festas coletivas e em espetáculos artísticos (Galvão, 2003).

A associação entre experiência estética e olhar fenomenológico reconhece que em ambos apreendemos o mundo de maneira total, una e direta. O olhar, aqui entendido como experiência estética, é fruto de uma percepção global do universo do qual fazemos parte e com o qual estamos em íntima relação. Olhar estético porque é receptivo à harmonia que habita a relação entre homem e mundo, entre homem e objeto estético. Entretanto, como constatamos, seu estado receptivo não o qualifica como um olhar passivo. Ao contrário, é um olhar vívido, penetrante, curioso, pois sobrevive da busca por sentidos, cria e recria significações permanentemente, ou seja, é um olhar que se educa.

A educação do olhar

> *Por natureza, todos os homens desejam conhecer. (...) A vista é, de todos os nossos sentidos, aquele que nos faz adquirir mais conhecimentos e o que nos faz descobrir mais diferenças.*
>
> Aristóteles

É certo que toda a multiplicidade e riqueza visual presente nos dias de hoje não nos desperta uma percepção ampliada do mundo. Pelo contrário, a fácil reprodutibilidade das imagens nos leva ao extremo de consumi-las de forma cada vez mais massificada, tornando-nos uma espécie de vítimas de sua banalização. Acabamos por ver as coisas de forma superficial; anestesiados pelo excesso, perdemos o distanciamento necessário à construção de sentidos.

Na era da visualidade, as estruturas do conhecimento humano se modificaram e passaram a demandar um olhar mais apurado para a decodificação e a crítica, um olhar revelador que denuncie as mensagens embutidas nas imagens — principalmente naquelas que pretendam nos impor valores e moldar nossos comportamentos —, um olhar seletivo que perscrute o que realmente traz sentido para a nossa existência, um olhar que desvele as aparências e revele o oculto.

No ver cotidiano, no ver ingênuo, a maioria de nós reage ao excesso de estímulos por meio de um estado de passividade e submissão: possuídos pelas imagens, deixamos de estabelecer com elas relações significativas. Rendemo-nos ao poder da imagem. A imagem, seja da arte ou da publicidade, é um verdadeiro testemunho cultural. Para que a imagem produza formas de comunicação que criem sentidos, para que traduza valores humanos, é preciso que se realize um trabalho sobre ela. O trabalho de mediação que a imagem requer, na sociedade contemporânea, torna-se imperativo sob uma perspectiva de conhecimento visual e de humanização.

Sabemos que o olhar é inquieto e inquiridor, que o olhar pensa, que é a visão feita interrogação. O olhar requer uma intencionalidade e precisa ser educado para enfrentar a epopeia visual do nosso cotidiano. Sob essa perspectiva, a educação do olhar torna-se indispensável à sobrevivência, pois atua como uma forma de humanização e de cultivo, um dispositivo para a cidadania. A estética, em sua origem, liga o sensível à imagem. Hoje, na civilização da visualidade, a imagem surge como um vigoroso potencializador da experiência estética.

Na realidade da escola, dificilmente levamos em conta a experiência estética. No entanto, a aprendizagem de um conteúdo é — ou deveria ser — uma verdadeira experiência estética. O encontro do sujeito com o objeto do conhecimento, seja ele artístico ou científico, produz emoção estética, desde que seja criado um ambiente propício para tal, desde que no diálogo estabelecido entre professor e aluno haja espaço para o sensível.

PARA SABER MAIS

A leitura de imagens na EJA

No mundo de hoje, vivemos em um cenário onde quase tudo é produzido para ser visto. Organizar procedimentos em torno da leitura de imagens contempla o aprendizado da arte por meio de uma prática social, inserida em situações relevantes do cotidiano do aluno.

A leitura de uma imagem em sala de aula constitui uma experiência rica em criação de sentidos e partilha de significados. Mas para isso é preciso desenvolver habilidades não apenas de saber ler, mas também de fazer falar, ou seja, de articular e comunicar impressões, sentimentos, pensamentos.

Paradoxalmente, é importante termos em conta que a marca maior da arte é sempre dizer o *indizível*. A linguagem visual é presentacional, isto é, ela desdobra-se ao olhar do leitor dentro de um espaço visível onde não há um ponto de partida nem um ponto de chegada para o curso da leitura. Nesse sentido, ela difere dos textos verbais que impõem uma forma para ser lidos: lemos da esquerda para a direita, sempre começando pela primeira palavra.

Mas essa peculiaridade da imagem não é empecilho para um trabalho pedagógico, ao contrário, a complexidade da linguagem visual requer um diálogo com formas, cores, volumes, texturas, bem como com o tema, com aspectos sociais e culturais e, fundamentalmente, com as nossas experiências.

Durante o processo de leitura, estabelecemos relações entre a intencionalidade do artista e a nossa própria experiência. Ocorre uma confluência de pontos de vista que se entrecruzam: o nosso de leitores, o do autor, os das culturas que hospedam a imagem, iluminados pelo diálogo que realizamos com outras imagens e outros contextos. A infinidade de interpretações que uma imagem oferece legitima a todas elas, não invalidando nenhuma.

Portanto, não há uma forma pré-estabelecida para que a leitura das imagens se realize. O importante é que o professor estimule a fruição do aluno por meio de múltiplos caminhos que acolham a diversidade de construção de sentidos e que possam abrir espaços para diferentes olhares e interpretações.

Um aspecto crucial, que coabita a prática da leitura de imagens, é a produção artística, é *o fazer*. Para se construir uma identidade com a imagem apreciada é essencial continuar o diálogo com ela por meio da criação de um trabalho artístico, que consolide e dê corpo ao processo da leitura. O pintor Degas já dizia que um bom desenho é aquele que dá vontade de desenhar.

Por meio da prática artística, o aluno experimenta um caminho de expressão relacionado ao do artista e àquele que ele próprio, como espectador, percorreu durante a leitura, dando um sentido mais completo ao conhecimento construído.

Como ler imagens com os alunos

Para conduzir leituras visuais em sala de aula o professor pode fazer perguntas aos estudantes sobre as imagens trabalhadas, estimulando seus olhares, provocando-os a construir sentidos e a partilhar significados.

Durante uma leitura compartilhada, teremos múltiplas percepções do mesmo objeto que, ao serem verbalizadas pelos alunos, vão relacionando-se e somando-se entre si, tecendo uma compreensão coletiva enriquecida pela diversidade de pontos de vista.

Esse caminho de leitura, como já foi dito, é totalmente maleável. Uma boa leitura também pode ser conduzida, desde o início, por meio da comparação entre duas ou mais imagens, estabelecendo semelhanças e diferenças entre elas.

Os procedimentos aqui sugeridos para leitura de imagens foram criados, originariamente, por Robert William Ott, professor da Pen State University, para a leitura de obras de arte, em especial para apreciação de pinturas, em museus. Chamado de *Image Watching,* o método propõe a apresentação de uma ou mais imagens para o grupo e uma leitura oral compartilhada. O *Image Watching* recomenda uma sequência didática para dialogar com os alunos:

- **DESCREVER A IMAGEM:** realizar um inventário oral ou uma lista de tudo o que é perceptível; o aluno precisa verbalizar suas percepções e partilhá-las com os outros, adquirindo confiança, fruto do olhar cuidadoso e da socialização de impressões geradas pela observação da imagem.

- **ANALISAR A IMAGEM:** investigar a maneira como foi executada; examinar a técnica e os elementos da composição, os aspectos formais e estruturais da imagem: linhas, formas, cores, planos, equilíbrio, movimento, temática. A abordagem desses aspectos leva a desconstruir a imagem e desvelar a intencionalidade do autor.

- **INTERPRETAR A IMAGEM:** levar o aluno a expressar suas hipóteses, seus sentimentos, lembranças, interrogações com relação à imagem. É o momento em que as vivências, a visão de mundo e o repertório do aluno contribuem para a construção de sentidos. Ao interpretar, o sujeito dialoga com a imagem, recriando-a dentro de si, significando-a.

- **CONTEXTUALIZAR A IMAGEM**: oferecer ao aluno informações contextualizadas sobre a imagem e o autor. Essas informações auxiliam a compreensão da imagem.
- **RECRIAR A IMAGEM:** levar o aluno a expressar seu conhecimento a respeito da imagem, por meio da produção de uma nova imagem. Consiste numa atividade de recriação da imagem.

Um exemplo de leitura visual

Fonte: http://www.ufmg.br/online/arquivos/Bol%201533%20capa.jpg

Apresentamos uma reprodução da obra "A flor do mangue", de Frans Krajcberg, realizada em meados de 1970.

Orientamos a leitura da obra por meio de algumas questões, nas diferentes dimensões descritas acima:

No âmbito da DESCRIÇÃO:
- Em que consiste este objeto? São raízes, cipós ou uma árvore?
- Que lugar é este: praia, campo, museu?
- É um objeto natural ou artificial?
- Estas raízes ou árvores são negras ou estão contra a luz?
- O que aconteceu para ficarem assim, enegrecidas?

No âmbito da ANÁLISE:
- É uma pintura ou uma fotografia do objeto artístico?
- Foi o artista quem a criou ou ele só a coletou da natureza? Essa questão remete à reflexão de que a produção artística inicia-se no momento em que o artista coleta e seleciona os elementos para a sua obra.
- Por que este objeto é considerado uma obra de arte? Essa é outra questão interessante para discutir com os alunos, podendo ser introduzidos conceitos sobre a arte contemporânea.

No âmbito da INTERPRETAÇÃO:
- Que outras imagens a obra de Krajcberg nos sugere?
- Que sentimentos a obra provoca?
- Que aspectos da vida, histórias, fatos, lembranças se relacionam com essa obra?

No âmbito da CONTEXTUALIZAÇÃO:
- Krajcberg coletou troncos e cipós a partir de resíduos de árvores de manguezais, destruídos pela especula-

ção imobiliária, e com eles construiu sua obra: uma escultura de grande porte, medindo 12 m × 8 m de largura e 5 m de altura. Essa obra já foi exposta em vários locais ao ar livre e na Mostra Tradição e Ruptura, em São Paulo, em 1984.

- Podemos apresentar uma foto do artista e sua biografia.
- Associamos suas obras ao contexto da destruição/ preservação do meio ambiente, brasileiro ou mundial.
- Mostramos reproduções de outras obras de Krajcberg ou obras de artistas que também têm como tema a natureza e a sua degradação. O artista Vik Muniz, por exemplo, realizou uma vasta produção de quadros com restos de lixo coletados em um aterro sanitário.

No âmbito da RECRIAÇÃO:

- Solicitamos aos alunos que coletem sucatas e materiais que utilizam diariamente e que costumam descartar. Com esses materiais, criem uma instalação em grupos.

Indicações de leitura

BARBOSA, Ana Mae. *Tópicos utópicos*. Belo Horizonte: C/Arte, 1998.

_____. *A imagem no ensino da arte*. São Paulo: Perspectiva. 2001.

GRINSPUN, Denise; JAFFE, Noemi. *Ver palavras, ler imagens*. São Paulo: Global/Ação Educativa, 2003.

OTT, Robert W. Ensinando crítica nos museus. In: BARBOSA, Ana Mae (Org.). *Arte-educação:* leitura no subsolo. São Paulo: Cortez, 1977. p. 111-139.

PARSONS, Michael. *Compreender a arte*. Lisboa: Editorial Presença, 1992.

RODRIGUES, Adriano Duarte. A imagem e o texto. In: *Comunicação e cultura*: a experiência cultural na era da informação. Lisboa: Editorial Presença, 1999. p. 121-127.

ROSSI, Maria Helena W. *Imagens que falam*: leitura da arte na escola. Porto Alegre: Mediação, 2003.

SÃO PAULO (SP). Secretaria Municipal de Educação. Diretoria de Orientação Técnica. *Referencial de expectativas para o desenvolvimento da competência leitora e escritora no ciclo II: Caderno de Orientações Didáticas de Artes*. São Paulo: SME/ DOT, 2006.

Indicações de filmes

- *Lixo extraordinário*. Direção: João Jardim. Brasil, 2009.

    O documentário mostra o trabalho do artista plástico brasileiro Vik Muniz com catadores de material reciclável em um dos maiores aterros sanitários do mundo, localizado no Jardim Gramacho, bairro de Duque de Caxias, no Rio de Janeiro. *Lixo extraordinário* mostra a produção de obras de arte com material coletado no aterro. Ao longo da produção dessas obras, entre 2007 e 2009, transformações significativas se produzem na vida e nas visões de mundo dos catadores participantes do projeto, bem como na vida e no olhar do artista Vik Muniz.

- *Janela da alma*. Direção: João Jardim. Brasil, 2001.

    O filme é um documentário, com depoimentos de várias pessoas (entre as quais José Saramago, Oliver Sacks e Hermeto Pascoal) sobre o ato de ver, sobre a visão, e sobre como quem possui algum tipo de problema na acuidade visual a encara. *Janela da alma* propõe também um debate abstrato e poético sobre o tema. O documentário não se resigna a tratar da visão (ou da falta dela) a partir de um lado pessimista ou limitador do que é o enxergar, mas sim da amplitude sensorial que a falta de um sentido pode proporcionar e da riqueza humana de visões do mundo.

Conclusão

OLHARES

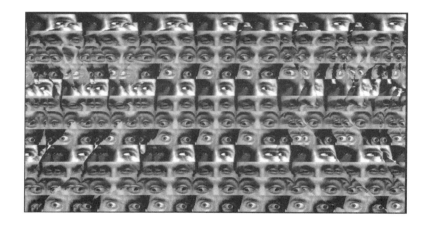

O que em mim sente está pensando.

Fernando Pessoa

Um grande dilema da escola de jovens e adultos é o da seleção de conteúdos e metodologias. Quais aprendizagens são significativas aos alunos adultos? Como eleger saberes que contribuam para o desenvolvimento do aluno, mas que também extrapolem os limites da sala de aula? Como equacionar conteúdos que respeitem a especificidade e a integridade das diferentes disciplinas mas que sejam, ao mesmo tempo, relevantes para a vida social e profissional do aluno e, ainda, forneçam-lhe os instrumentos necessários para a leitura e a decodificação da complexidade de informações e estímulos do mundo contemporâneo? Quais conhecimentos priorizar para atender a objetivos educacionais tão abrangentes?

Esse cenário envolve também outra situação metodológica de difícil solução na EJA: como desenvolver práticas letradas no aluno sem desvalorizar suas práticas culturais de origem? Como equacionar os conhecimentos prévios dos adultos com os conhecimentos escolares? Como fazer a ponte entre os saberes do dia a dia e os saberes formais, sem privilegiar um em detrimento do outro? Como promover a superação do senso comum em direção ao letramento?

Sabemos que a escola exerce um papel de excelência no desenvolvimento de indivíduos que pertencem às sociedades tecnologizadas:

> A escola é fundamental, não em qualquer sociedade, mas na sociedade letrada, e sua importância refere-se à intervenção do modo letrado, escolarizado, científico, para operar transformações nos indivíduos numa determinada direção, escolhida como meta, nessa sociedade, na definição das características de seus membros (Oliveira, 1997, p. 60).

Conscientes da importância da escola e da natureza dos conhecimentos que ela veicula para o desenvolvimento e a inserção cultural de um jovem ou adulto, na complexa sociedade contemporânea, apontamos aqui um caminho para a EJA: o da Educação Estética. Este livro procura responder às questões anteriormente levantadas, ao indicar e fundamentar uma concepção estética de educação de jovens e adultos por meio de uma compreensão mais abrangente da Estética, tangível a todas as áreas do conhecimento humano. Para tanto, sugere metodologias que colocam em relevo os aspectos estéticos dos conhecimentos produzidos nas diferentes disciplinas, como um meio para atingir os aspectos mais conceituais desses saberes. Da mesma forma, reconhece que o trabalho coletivo na escola de jovens e adultos, por meio de projetos pedagógicos centrados nas relações entre as disciplinas, contribui substancialmente para a resolução dos problemas apontados.

A escola da sociedade ocidental contemporânea segue, tradicionalmente, uma linha de pensamento inaugurada pela metafísica idealista de Descartes, pensamento que separa a consciência humana do mundo, que reduz o real à dicotomia sujeito-objeto. A esse pensamento, Merleau-Ponty denomina pensamento de sobrevoo. O pensamento de sobrevoo procura dominar e controlar totalmente a si mesmo, e estender a dominação e o controle à realidade exterior. O pensamento sobrevoa o mundo, transformando-o em ideia ou conceito do mundo.

Outra concepção tradicional que ainda permanece como paradigma da escola ocidental é a que separa arte e ciência, tratando-as como dimensões opostas do conhecimento humano. Predomina, na cultura escolar, uma valorização do pensamento científico em detrimento do artístico. Essa atitude carrega consigo outras cisões do pensamento, que se instalaram no bojo da nossa cultura, como as relativas à razão-emoção, ao intelecto-intuição ou à cognição-afetividade.

Entretanto, no início do terceiro milênio, manifesta-se uma tendência cada vez mais acentuada em redimensionar ciência e arte, procurando dar a conhecer os modos como razão e sensibilidade, intelecto e imaginação, constituem o conhecimento humano. Nunca foi possível existir ciência sem imaginação, nem arte sem cognição. A arte tanto quanto a ciência são criadoras de mundos.

A imaginação é uma qualidade comum na ciência e na arte. "A imaginação não se limita às explosões da fantasia, ela é sempre a manipulação mental do que está ausente dos sentidos, mediante o uso de imagens, palavras ou outros símbolos" (Bronowsky, 1998, p. 38). O autor demonstra, também, como arte e ciência são constituintes de todas as culturas humanas:

> Há um fio que une continuamente todas as culturas humanas que conhecemos, um fio duplo: não há cultura, por mais primitiva pelos nossos padrões, que não pratique de algum modo o tipo de explicação que denominei de ciência e que, de alguma forma, não se expresse artisticamente. Essa dupla e indissolúvel presença revela, sem dúvida, uma unidade essencial existente na mente humana evoluída. O fato de não haver cultura devotada à ciência que não pratique a arte e vice-versa não pode ser acidental. Deve haver uma razão, enraizada profundamente na mente humana — especificamente, na imaginação humana —, que se exprime naturalmente em qualquer cultura, sob a forma tanto de ciência como de arte (idem, p. 89).

Diante da excessiva mecanização e especialização da vida contemporânea, uma tarefa crucial da escola, hoje, é a de restabelecer a comunhão entre ciência e arte, dissolvendo as fronteiras rígidas entre as disciplinas e possibilitando a transversalidade da estética ao longo do currículo. A escola de jovens e adultos deveria trabalhar justamente na região de passagem do *logos do mundo estético* para o *logos do mundo cultural*, isto é, possibilitar que os indivíduos resgatem e transcendam os conteúdos sensíveis de suas experiências e se apropriem das significações socialmente compartilhadas para que, assim, se tornem letrados. Para Merleau-Ponty, a consciência tética, ou seja, a consciência reflexiva, está fundada na consciência corporal. Portanto, a escola de EJA não pode ignorar que a origem do conhecimento está no corpo, no nível do sensível, e que o território da pré-reflexão é o substrato para a consciência e a percepção do outro, que são as reflexões nascidas na região originária da *aisthésis* que se desenvolvem social e historicamente.

A Educação Estética, ou Educação do Olhar, pressupõe uma ideia essencial, apregoada por Merleau-Ponty: a de que o visível exprime uma visão que não é trazida pelo pensamento, mas que é condição para o pensamento. A Educação Estética promove a construção de conhecimentos que desmascaram a superficialidade e a padronização do olhar, que podem levar os educandos a desenvolver um contato mais profundo com a leitura e a interpretação de seu cotidiano, ajudando-os a extrair sentidos da paisagem excessivamente massificada que os circunda.

Com o ambicioso objetivo de formar indivíduos plenamente letrados, nosso olhar de educadores não descansa calmamente sobre a paisagem. Olhar inquieto e inquiridor, atesta a espessura de sua interioridade ao iluminar aprendizagens escolares que ressoem e se incorporem às práticas sociais do adulto. No final das contas, o que realmente queremos é que o olhar do nosso aluno deseje sempre mais do que o que lhe é dado a ver.

REFERÊNCIAS BIBLIOGRÁFICAS

ALVARES, S. C. Artes Visuais na EJA. In: MINISTÉRIO DA EDUCAÇÃO E CULTURA. *Educação de jovens e adultos*: proposta curricular para o segundo segmento do Ensino Fundamental. Brasília: MEC, 2002. p. 145-154.

_____. *Arte e Educação Estética para Jovens e Adultos*: as transformações no olhar do aluno. Dissertação (Mestrado em Educação) — Faculdade de Educação, Universidade de São Paulo, 2006. 180f. Disponível em: <http://www.teses.usp.br/teses/disponiveis/48/48134/tde-22062007-094232>.

BAKTHIN, M. *Marxismo e filosofia da linguagem*. 6. ed. São Paulo: Hucitec, 1992/1927.

BARBOSA, A. M. (Org.). *Arte-educação*: leitura no subsolo. São Paulo: Cortez, 1977.

_____. *Tópicos utópicos*. Belo Horizonte: C/Arte, 1998.

_____. *A imagem no ensino da Arte*. São Paulo: Perspectiva, 2001.

BOSI, A. Fenomenologia do olhar. In: NOVAES, A. (Org.). *O olhar*. São Paulo: Companhia das Letras, 1988. p. 68-73.

BOURDIEU, P.; DARBEL, A. *O amor pela arte*. São Paulo: Edusp, 2003.

BRAGA, M. L. S. *(Arte) & (cultura)*: equívocos do elitismo. São Paulo: Cortez, 1990.

BRITTO, L. P. L. Sociedade de cultura escrita, alfabetismo e participação. In: RIBEIRO, V. M. (Org.). *Letramento no Brasil*. São Paulo: Global, 2001. p. 89-113.

BRONOWSKI, J. *O olho visionário*: ensaios sobre arte, literatura e ciência. Brasília: Universidade de Brasília, 1998.

BRUNER, J. O próximo capítulo da psicologia. In: _____. *A cultura da educação*. Porto Alegre: Artes Médicas. 1998. p. 153-173.

BUENO, E. R. A. Fenomenologia: a volta às coisas mesmas. In: PEIXOTO, A. J. (Org.). *Interações entre fenomenologia e educação*. Campinas: Alínea, 2003. p. 9-42.

CARDOSO, S. O olhar viajante (do etnólogo). In: NOVAES, A. (Org.). *O olhar*. São Paulo: Companhia das Letras, 1988. p. 347-360.

CHARLOT, B. *Da relação com o saber*: elementos para uma teoria. Porto Alegre: Artmed, 2000.

_____. *Os jovens e o saber*: perspectivas mundiais. Porto Alegre: Artmed, 2001.

CHAUI, M. (Org.). *Merleau-Ponty*. São Paulo: Abril Cultural, 1984. (Coleção Os pensadores.)

_____. Janela da alma, espelho do mundo. In: NOVAES, A. (Org.). *O olhar*. São Paulo: Companhia das Letras, 1988. p. 31-63.

_____. O que é ser educador hoje? In: BRANDÃO, C. R. (Org.). *O educador*: vida e morte. Rio de Janeiro: Graal, 1992.

DESCARTES, R. *La Dioptrique*. ed. fac-simile. Paris: Fayard, 1987. p. 71.

DI PIERRO, M. C. Notas sobre a redefinição da identidade e das políticas públicas de educação de jovens e adultos no Brasil. *Educação & Sociedade*, Campinas, v. 26, n. 92, p. 1115-1130, Especial, out. 2005.

DUARTE JÚNIOR., J.-F. *Fundamentos estéticos da educação*. São Paulo: Cortez/Autores Associados, 1981.

DUARTE JÚNIOR., J.-F. *O sentido dos sentidos*: a educação (do) sensível. Curitiba: Criar Edições, 2001.

DUFRENNE, M. *Estética e filosofia*. São Paulo: Perspectiva, 1972.

EAGLETON, T. *Ideologia da estética.* São Paulo: Jorge Zahar, 1993.

FAZENDA, I. *Interdisciplinaridade*: qual o sentido? São Paulo: Paulus, 2003.

FRAYZE-PEREIRA, J. A. *Olho d'água*: arte e loucura em exposição. São Paulo: Escuta, 1995.

_____. A dimensão estética da experiência do outro. *Pro-Posições*, Campinas, v. 15, n. 1, jan./abr. 2004. (Dossiê Educação Estética.)

FREIRE, Paulo. *Pedagogia do oprimido*. 9. ed. Rio de Janeiro: Paz e Terra, 1981.

_____. *Pedagogia da esperança*. São Paulo: Paz e Terra, 1992.

_____. *Pedagogia da autonomia*: saberes necessários à prática educativa. São Paulo: Paz e Terra, 2001.

_____. *Pedagogia da tolerância*. São Paulo: Unesp, 2004.

_____. *À sombra desta mangueira*. São Paulo: Olho d'Água, 2006.

FROCHTENGARTEN, F. *Caminhando sobre fronteiras*: o papel da educação na vida de adultos migrantes. São Paulo: Summus, 2009.

GALVÃO, I. Expressividade e emoções segundo a perspectiva de Wallon. In: ARANTES, V. A. (Org.). *Afetividade na escola*. São Paulo: Summus, 2003. p. 71-88.

HILLMAN, J. *Cidade e alma*. São Paulo: Studio Nobel, 1993.

HUSSERL, E. *A ideia da fenomenologia*. Lisboa: Edições 70, 1958/1907.

JANELA DA ALMA. Direção: João Jardim, Walter Carvalho. São Paulo: BR Distribuidora; Brasil Telecom; Ravina Filmes, 2001. Filme, 73 min. Color. Son. DVD.

KLEIMAN, Â. B. (Org.). *Os significados do letramento*: uma nova perspectiva sobre a prática social da escrita. Campinas: Mercado de Letras, 1995.

KLEIMAN, Â. B. Programas de educação de jovens e adultos e pesquisa acadêmica: a contribuição dos estudos de letramento. *Educação e Pesquisa*, São Paulo, v. 27, n. 2, p. 267-281, jul./dez. 2001.

_____; MORAES, S. E. *Leitura e interdisciplinaridade*: tecendo rede nos projetos da escola. Campinas: Mercado de Letras, 1999.

LANGER, S. K. *Sentimento e forma*. São Paulo: Perspectiva, 1980.

MAFFESOLI, M. *Elogio da razão sensível*. Petrópolis: Vozes, 2001.

MARTINS, J. *Um enfoque fenomenológico do currículo*: educação como *poiésis*. São Paulo: Moraes, 1992.

MEIRA, M. R. Educação Estética, arte e cultura do cotidiano. In: PILLAR, A. D. (Org.). *A educação do olhar no ensino das artes*. Porto Alegre: Mediação, 2001. p. 119-140.

MERLEAU-PONTY, M. *O olho e o espírito*. São Paulo: Abril Cultural, 1980. (Coleção Os pensadores.)

_____. *O primado da percepção e suas consequências filosóficas*. São Paulo: Papirus, 1990.

_____. *Signos*. São Paulo: Martins Fontes, 1991.

_____. *Fenomenologia da percepção*. São Paulo: Martins Fontes, 1999.

_____. *O visível e o invisível*. São Paulo: Perspectiva, 2000.

_____. *A prosa do mundo*. São Paulo: Cosac & Naify, 2002.

_____. *Palestras*. Lisboa: Edições 70, 2002.

MINISTÉRIO DA EDUCAÇÃO E CULTURA. *Parâmetros Curriculares Nacionais — Terceiro e quarto ciclos do Ensino Fundamental*: Temas transversais. Brasília: MEC, 1998.

_____. *Educação de Jovens e Adultos*: proposta curricular para o segundo segmento do Ensino Fundamental. Brasília: MEC, 2002.

NICOLESCU, B. *Manifesto da transdisciplinaridade*. São Paulo: Triom, 2008.

OLIVEIRA, A. C. de. A estesia como condição do estético. In: OLIVEIRA, A. C. (Org.). *Do inteligível ao sensível*. São Paulo: Educ, 1995. p. 227-236.

OLIVEIRA, M. K. de. Letramento, cultura e modalidades de pensamento. In: KLEIMAN, Â. B. (Org.). *Os significados do letramento*: uma nova perspectiva sobre a prática social da escrita. Campinas: Mercado de Letras, 1995. p. 147-160.

_____. Sobre diferenças individuais e diferenças culturais: o lugar da abordagem histórico-cultural. In: AQUINO, J. G. (Org.). *Erro e fracasso na escola*: alternativas práticas e teóricas. São Paulo: Summus, 1997. p. 45-61.

_____. Jovens e adultos como sujeitos de conhecimento e aprendizagem. In: REUNIÃO ANUAL DA ANPED, 22., *Anais...*, Caxambu: Anped, 1999.

_____. Organização conceitual e escolarização. In: _____; OLIVEIRA, M. B. (Orgs.). *Investigações cognitivas*: conceitos, linguagem e cultura. Porto Alegre: Artes Médicas, 1999. p. 81-100.

_____. *Vygotsky*: aprendizado e desenvolvimento, um processo sócio-histórico. São Paulo: Scipione, 2001.

_____; REGO, T. C. Vygotsky e as complexas relações entre cognição e afeto. In: ARANTES, V. A. (Org.). *Afetividade na escola*. São Paulo: Summus, 2003. p. 13-34.

OSTROWER, F. *Acasos e criação artística*. Rio de Janeiro: Campus, 1990.

_____. *A sensibilidade do intelecto*. Rio de Janeiro: Campus, 1998.

PAIM, S. *Os aspectos estéticos da aprendizagem escolar*. São Paulo, 2000. [Palestra proferida no Cevec — Centro de Estudos Educacionais Vera Cruz]

PALÁCIOS, J. O desenvolvimento após a adolescência. In: _____; COLL, C.; MARCHESI, A. (Orgs.). *Desenvolvimento psicológico e educação*: psicologia evolutiva. Porto Alegre: Artes Médicas, 1995, p. 306-321, v. 1.

PAREYSON, L. *Os problemas da estética*. São Paulo: Martins Fontes, 1989.

PEIXOTO, N. B. O olhar do estrangeiro. In: NOVAES, A. (Org.). *O olhar*. São Paulo: Companhia das Letras, 1988. p. 361-365.

POMPEIA, J. A.; SAPIENZA, B. T. *Na presença do sentido*: uma aproximação fenomenológica de questões existenciais básicas. São Paulo: Paulus, 2004.

REGO, T. C. *Lembranças da escola*: o papel da escolarização na constituição de singularidades. Tese (Doutorado em Psicologia da Educação) — Faculdade de Educação — Universidade de São Paulo, 2000.

_____. *Memórias de escola*: cultura escolar e constituição de singularidades. 1. ed. Petrópolis: Vozes, 2003, 420 p. v. 1.

SOARES, M. *Letramento*: um tema em três gêneros. Belo Horizonte: Autêntica, 1998. p. 61-125.

_____. Letramento e escolarização. In: RIBEIRO, V. M. (Org.). *Letramento no Brasil*. São Paulo: Global, 2001. p. 89-113.

SOUZA, Antônio Cícero. Posfácio. In: BRANDÃO, C. R. (Org.). *A questão política da educação popular*. São Paulo: Brasiliense, 1980.

VAN DER VEER, R.; VALSINER, J. *Vygotsky, uma síntese*. São Paulo: Loyola, 1996.

VYGOTSKY, L. S.; LURIA, A. R.; LEONTIEV, A. N. *Estudos sobre a história do comportamento*: símios, homem primitivo e criança. Porto Alegre: Artes Médicas, 1996.

_____. *Linguagem, desenvolvimento e aprendizagem*. São Paulo: Ícone; Edusp, 1998.